A travers l'Evangile

Méditations poétiques

Préface de Sa Grandeur Mgr GRENTE

Evêque du Mans

Procure Générale du Clergé
1, 3 et 5, rue de Mézières
PARIS VIᵉ

Imprimerie Notre-Dame
19, rue Tancrède
COUTANCES

Chanoine Lemaigre

A travers l'Evangile

Méditations poétiques

Préface de Sa Grandeur Mgr GRENTE

Evêque du Mans

**ŒUVRE CATHOLIQUE
D'EDITION & DE PROPAGANDE
COUTANCES**

1925

A Travers

l'Evangile

DECLARATION DE L'AUTEUR

Cet ouvrage comprend une série de tableaux ou méditations poétiques *puisées dans les paraboles, les récits et la doctrine même de l'Evangile.*

Or l'Evangile est le livre incomparable dont Saint Augustin a dit : « Le Verbe *fait Evangile a droit à la même vénération que le* Verbe *fait chair. »*

Si l'auteur fait appel à l'imagination, c'est sous le contrôle de la foi, avec l'unique ambition de répondre, dans un langage imagé, à l'amour de Jésus, notre Dieu et Sauveur.

Il n'a donc pas prétendu publier une traduction des textes sacrés ; mais il n'entend pas user de la « licence poétique » pour se dérober à la respectueuse soumission due à l'Autorité doctrinale ; et il répudie à l'avance ce qui serait contraire au sentiment de la Sainte Eglise en ces matières.

Nihil Obstat.
Constantiis, die 27 Januarii 1925
F. LECONTE, c. h.,
Censor deputatus.

Imprimatur.
Constantiis, die 28 Januarii 1924
P.-M. PERIER,
vic. gén.

Lettre
de Sa Grandeur Monseigneur Grente
Evêque du Mans

Évêché du Mans

—

Le Mans, le 5 Mai 1925, en la fête de Saint Pie V.

Monsieur le Chanoine et cher Compatriote,

Vous me dédiez trop aimablement votre recueil de poèmes évangéliques, pour que je ne vous èn remercie pas d'abord cordialement.

Mais, est-il utile qu'un avant-propos entraîne les lecteurs à vous suivre, alors que l'agrément de vos vers leur est un suffisant attrait ?

Je vous félicite, du moins, avec plaisir, de n'avoir pas travesti l'Evangile en l'affadissant par de vagues commentaires. Vous vous êtes efforcé de lui laisser, sous une forme poétique, sa force et sa suavité.

———— VII ————

Ce n'est pas, en effet, un travail d'amateur que vous avez entrepris : vous voulez faire lire le texte sacré par un plus grand nombre, surtout par ceux que séduit la musique du rythme et des rimes. Ils sauront ainsi, par vous, à quel point l'Evangile glorifie la bonté de Dieu, atteste la divinité de Notre-Seigneur Jésus-Christ, exalte le sacrifice et la charité, préconise le renoncement et la vertu.

Il est, sans doute, périlleux de traiter en vers les mystères de la foi. Comment ne pas craindre d'en obscurcir la précision et d'en réduire l'ampleur ? Molière raillait justement les beaux esprits qui prétendaient mettre l'histoire romaine en madrigaux. Plusieurs sujets, rebelles aux genres d'imagination, condamnent d'eux-mêmes la fantaisie.

Pourtant, l'exemple de Corneille et de Racine prouve que les grands poètes n'ont pas reculé à traduire en vers les pages inspirées. Combien de fois, d'ailleurs, à travers les siècles, le sentiment religieux n'a-t-il pas emprunté les accents du lyrisme pour manifester ses élans ! Et qui oserait prétendre que toutes les marques de la condescendance de Dieu à l'égard de l'homme, et les mille preuves de la miséricorde infinie du Sauveur ne sont pas dignes d'inspirer la poésie ?

J'espère, Cher Monsieur le Chanoine, que vos rythmes variés et vos strophes, tantôt majestueuses, tantôt légères, réaliseront votre vœu de donner autant de joie au cœur chrétien que de charme à son esprit. Puissent vos lecteurs ne pas s'arrêter au seuil du texte, mais se pénétrer si bien des leçons du saint Evangile, qu'ils n'hésitent plus à les mettre en pratique !

Agréez, je vous prie, l'assurance de mon affectueux dévouement en Notre-Seigneur.

† Georges,
Evêque du Mans.

Dédicace

A Sa Grandeur Monseigneur Grente

Evêque du Mans

Au calice des fleurs l'abeille prend son miel
Riche de senteurs parfumées :
Le poëte chrétien butine aux champs du Ciel
Le nectar des nobles pensées.

Vous êtes, Monseigneur, un maître délicat
Dans le domaine littéraire ;
Votre grand art paraît avec un tel éclat
Qu'il sait toujours toucher et plaire.

Laissez-moi Vous offrir l'hommage affectueux
De ces pages sur l'Evangile ;
Votre accueil indulgent comblera tous les vœux
D'un ouvrier trop inhabile.

Ce que j'aurai mis de meilleur
Dans cet essai de poësie,
Si Vous l'agréez, Monseigneur,
Trouvera ma muse ravie.

Mais dire ici lequel domine
Du respect ou de l'amitié,
Je ne sais ; pourtant j'imagine
Qu'ils veulent être de moitié.

14 janvier 1925.

Prologue

I. C'est le Soir

> « *Demeurez avec nous, Seigneur,*
> *l'ombre du soir descend.* » (1)

I

Arrivé sur la pente où l'étape s'achève,
Dans la maturité que Dieu donne au vieillard,
Je vois mes souvenirs se fondre comme un rêve
Et sur l'éternité se fixe mon regard.

Nous partîmes jadis, en phalange nombreuse ;
Mais beaucoup sont tombés au soir de leur printemps,
Et trop tôt les cueillait la terrible faucheuse
Dont la main, sans pitié, moissonne avant le temps.

----

(1) S. Luc, XXIV, 29.

Et le fleuve des ans s'écoule : de ses rives,
Où demeurent encor quelques mourantes fleurs,
On entend les adieux de ces âmes plaintives
Qui roulent sur des flots amers comme nos pleurs.

Pour moi l'ombre des monts s'allonge sur la plaine,
Je frémis, presque seul, dans un âpre chemin :
Ne vous éloignez pas, ô Bonté Souveraine ;
C'est le soir, prêtez-moi l'appui de votre main.

Que de fois vous avez au cours de la carrière
Dirigé ma faiblesse et mes pas incertains,
Et vous aimez, Seigneur, exaucer la prière
De ceux que font trembler tant de dangers prochains.

Aussi de vos bienfaits la longue perspective
Emeut jusqu'aux sanglots mon cœur reconnaissant,
Tandis qu'à l'horizon s'efface fugitive
La figure d'un monde instable et malfaisant.

Je vous cherchais, Seigneur, aux jours de mon enfance
Dans le Livre sacré d'où s'épand la ferveur ;
J'y trouve maintenant mon hymne d'espérance
Et comme un avant-goût de l'éternel bonheur.

L'Evangile est si doux à l'humaine détresse
Que j'y voudrais glaner sur vos pas, Dieu Sauveur,
Les grains, les épis d'or, l'ineffable richesse
Qu'a mûris le soleil du divin Moissonneur.

II. — L'Evangile

« *Le pain supersubstantiel...* » (1)

Ce poème sera comme le testament
    De la foi née à mon baptême.
Inspirez-moi, Seigneur, un trait d'amour ardent
    Qui convienne à ce chant suprême.

A l'ami de Jésus, au fidèle qui prie
    J'offre ces méditations,
Pour qu'il se désaltère à la source bénie
    Des plus pures émotions.

------

(1) S. Jean, XIV, 6.

L'Evangile contient l'admirable substance
        Qui refait le cœur et l'esprit ;
Sa sève inépuisable enrichit l'indigence
        Et de Dieu même la nourrit.

L'Ecriture Sacrée avec l'Eucharistie
        Est l'aliment complet de l'âme,
Le pain surnaturel qui restaure la vie
        Et lui garde sa sainte flamme.

Donnez ce pain céleste à l'enfant qui chemine
        Dans les sentiers de la candeur ;
Seigneur, nourrissez-en le vieillard, qui décline,
        Cherchant la paix et la ferveur.

III. Prière

> « *Je suis la voie, la vérité*
> *et la vie.* » (1)

Je viens d'ouvrir, Seigneur, je baise avec transport
    Le livre du divin mystère
Dont les enseignements rendent le cœur plus fort
    Et le détachent de la terre.

Seigneur, l'esprit est prompt et vole à tout venant,
    Il vagabonde à sa coutume,
Fixez-le, sans écart, sur ce verbe prenant ;
    Bénissez l'effort de ma plume.

L'ignorance sur nous se rue en sens divers
    Et notre science est fragile,
Inspirez à mon âme et mettez dans ces vers
    Le souffle de votre Evangile.

------

(1) S. MATTH., VI, 11.

Les hommes sont transis par le froid de la nuit,
    Beaucoup gisent dans les ténèbres ;
D'un rayon traversez cette ombre qui les suit
    Pleine de mensonges funèbres.

Le chemin de la vie est âpre et douloureux,
    Sillonné de trompeuse joie ;
Veillez sur nous, Jésus, aux tournants dangereux,
    Vous avez dit : « Je suis la voie. »

Vous avez dit encor : « Je suis la vérité »,
    Gardez-nous de l'erreur impie ;
Que votre étoile, ô Christ, soit la sécurité
    De notre foi mal affermie.

Sur la route du Ciel préservez notre cœur
    De toute funeste apathie ;
Conservez-lui la grâce et son élan vainqueur ;
    Vous avez dit : « Je suis la vie. »

Vos disciples étaient indécis et tremblants,
    Par vous ils ont changé le monde ;
Soutenez, ô Jésus, nos efforts chancelants,
    Rendez notre tâche féconde.

Et quand viendront pour nous les suprêmes combats,
    Ranimez, au fond de nos âmes,
De votre charité les célestes appas
    Et les inextinguibles flammes.

Dieu et l'Homme

I. Celui qui est

Il fut, comme il sera dans sa fleur éternelle.
Lorsque l'Ange surgit des vastes profondeurs
Du néant, dont il est la première étincelle,
Avant que l'univers déployât ses splendeurs,
Quand le chaos régnait, vaine ombre sans figure,
Quand l'espace ou le temps n'avaient point fait un pas,
Père, Verbe, Esprit Saint — unique en sa nature —
Dieu vivait en lui-même, et l'homme n'était pas.

------

(1) Job, XXXVII, 14.

Il déborde et contient l'espace inaccessible,
Le temps créé se perd dans son éternité ;
Plus loin toujours, s'il est quelque vague possible,
Dieu s'y retrouve encor par son immensité.
De son sein tous les flots tirent leur existence,
Attestant à l'envi qu'il est le Créateur :
Astres, matière brute ou noble intelligence
Chantent l'hymne de gloire à leur premier Auteur.

Immuable Océan, sans déclin, sans rivages,
Riche de tous les biens, donnant sans s'appauvrir,
Dieu prodigue partout la vie à tous les âges
Et par Lui le néant ne cesse de fleurir.
Car si le Créateur retenait en lui-même
Ses incessants bienfaits, ses infinis trésors,
S'il arrêtait l'élan de sa bonté suprême,
Toute vie aussitôt périrait au dehors.

Mais où vont ici-bas la pluie et le nuage,
Le lion qui rugit, le brin d'herbe et la fleur ?
La terre se transforme et change d'âge en âge
Sous le travail de l'air, du froid, de la chaleur ;
Le temps qui ronge tout forme la stalagmite,
Tel géant de granit succombe sous un heurt,
Le torrent se dessèche et le rocher s'effrite,
Le chêne des forêts croît, se dépouille et meurt.

Tout change autour de nous et nous changeons nous-
[mêmes,
Dieu seul demeure — *Il est* — et l'action des ans
Ne saurait l'amoindrir en ses grandeurs suprêmes ;
L'Infini n'a point d'âge, et l'eau des océans
Ne semble devant Lui qu'une goutte qui passe
Et fuit, pour revenir des millions de fois.
Chaque être lentement ou tout à coup s'efface ;
Mais Dieu reste, Il commande et tout cède à ses lois.

La mort étend sa main sur la frêle nature ;
Le volcan se soulève en un terrible choc,
Crève de notre sol la trop fragile armure ;
La foudre en se jouant brise l'arbre ou le roc ;
Et dans le firmament, sous la voûte fleurie,
Où les mondes lointains brillent de mille feux,
Dans un dernier éclat l'étoile anéantie
Rend hommage en mourant au Monarque des Cieux.

Mais en nous, ô Dieu bon, votre vivante image
Subsiste et nous défend contre un tragique sort ;
Elle n'est pas l'effet d'un séduisant mirage ;
Car l'âme est d'un métal qui résiste à la mort ;
Lorsqu'on déposera dans une froide bière
La dépouille sans nom de notre humanité,
Cette âme rajeunie, et loin de sa poussière,
Aura pris son essor vers l'immortalité.

II.   Dieu qui interroge

« Quel est celui-ci qui enveloppe
ses prétentions dans les discours de
l'ignorance ? » (1)

L'homme au cœur corrompu devient vite un impie,
Et son impiété le conduit pas à pas
Jusqu'à l'aveuglement, sacrilège folie
Qui le porte à crier : *« Non, Dieu n'existe pas ! »*

Mais la raison proteste et le fait comparaître
Devant le tribunal de la création ;
Que répondra l'athée aux questions du Maître,
Pour défendre l'orgueil de sa négation ?

____

(1) Job, XXXVIII, 2.

Derrière le rideau qu'entr'ouvre la nature,
Dans le large miroir des visibles splendeurs,
Une image de Dieu se montre à l'âme pure (1)
Et l'écho de sa voix retentit dans les cœurs.

La Voix dit : Fier savant, d'où vient l'intelligence ?
As-tu de la Sagesse inspecté les palais ?
Où donc te conduira la superbe indigence
De ton esprit cerné par un brouillard épais !

Lorsque j'établissais les assises du monde
Et peuplais de beauté les espaces déserts,
As-tu fait le départ de la terre et de l'onde,
Est-ce toi qui donnais des lois à l'univers ?

Est-ce ton frêle bras qui lance le tonnerre
Et fait jaillir la foudre au cours prestigieux ?
Verses-tu la rosée ou la pluie à la terre ?
Accroches-tu la nue à la voûte des Cieux ?

Qui donc peut déchaîner la tempête ou la grêle,
Endormir les guérets sous le froid hivernal
Ou réchauffer à temps le zéphir qui dégèle,
Et rendre l'alouette à son chant matinal ?

Tente de rassembler le groupe des Pléïades,
Et de ses éléments, fais un astre nouveau ;
Des étoiles du Ciel compte les myriades
Et de la Voie-lactée, agrandis le réseau.

------

(1) Matth., V, 8.

Lance le météore à travers la nuit brune
Et sème au firmament les clartés d'un beau soir ;
Ou bien fais remonter le phare de la lune
Caché sous l'horizon comme dans un trou noir.

A l'oiseau voyageur as-tu donné des ailes
Pour arpenter la plaine et traverser les mers ?
Peux-tu rendre au printemps des parures nouvelles
Et clore à volonté le règne des hivers ?

Quand l'aigle, sans effroi, plane sur les abîmes,
Tombe et saisit sa proie, au pied des monts neigeux,
Pour remonter d'un bond sur les plus hautes cimes,
Est-ce toi qui soutiens son vol majestueux ?

L'Océan devant toi mugit et se soulève,
Le rivage étonné frémit de ses transports,
La vague cependant glisse et meurt sur la grève :
Dis-moi qui lui défend d'escalader ses bords ?

Combien de points obscurs dans ton intelligence ?
Pourquoi les déguiser par des arguments faux ?
Reconnais sans détour ta native ignorance
Et par un sot orgueil n'aggrave pas tes maux.

Savant ou insensé, définis la matière,
Le principe de vie ou de fécondité ;
Dis-moi le dernier mot de ce qu'est la lumière,
L'espace, l'infini, le temps, l'éternité !

III. Le Verbe Eternel

« *Au commencement était le Verbe.* » (1)

Le Verbe était en Dieu que rien n'était encore,
Verbe coéternel au Principe éternel.
Or la vie attendait que des temps vînt l'aurore ;
Le Verbe dit : « *Fiat* » ; le monde, à son appel,
Se lève du néant et dans l'espace immense
S'élancent les soleils et les astres roulants ;
La terre va fleurir, par sa toute-puissance,
L'homme à son tour paraît en roi des éléments.

____

(1) S. JEAN, I, 1.

Mais le Verbe divin fut aussi la lumière
Des âmes, qu'enchaînait un monde ténébreux ;
Hélas ! l'humanité, cette ingrate héritière
Du péché, refusa des dons si généreux.
Un homme — c'était Jean — se leva sur la terre
Pour rendre témoignage au jour révélateur ;
Il n'était pas le Verbe ou la clarté première,
Mais l'éloquent témoin de Dieu, le Précurseur.

Cet éternel flambeau, cette Source increée
De lumière que fuit le fol esprit humain,
Ce Verbe tout-puissant d'où la raison est née,
Qui sertit l'univers, tel un joyau d'or fin,
Cet Amour transcendant fut méconnu des hommes
Et n'eut jamais sa place en leurs âmes de fer ;
De là l'horrible nuit où tous, tant que nous sommes,
Nous dormirions encor, s'Il ne s'était fait chair.

Plusieurs l'ayant cherché d'un cœur bon et fidèle
Furent les héritiers, les enfants du Très-Haut ;
Ils ont pu conquérir cette vie éternelle
Qui sur tout autre bien infiniment prévaut,
Et le Verbe est venu dans une chair humaine ;
L'Evangile a paru, la foi brille au grand jour ;
Nous l'avons contemplé de vision certaine,
Nous avons vu sa gloire et goûté son amour.

IV. Désastre et Espérance

Adam, au Paradis, porte en ses yeux la flamme,
Le céleste rayon de l'immortalité.
L'innocence et la paix habitent dans son âme,
    Sur son front règne la beauté.

Rêve-t-il d'un trésor, au matin de la vie,
Pour charmer son amour sans troubler sa candeur ?
Eve, présent du Ciel, au bonheur le convie
    Dans sa virginale pudeur.

---

(1) Ps. 85, 1.

Epoux, ne chantez pas ! Satan dans l'ombre passe :
Fuyez le tentateur et le fruit défendu ;
Vous êtes menacés d'une double disgrâce,
        O mort ! ô Paradis perdu !

L'homme a désobéi : révolté lamentable,
Il entraîne sa race à l'infidélité ;
D'un désastre sans fin, chef il est responsable
        Devant toute l'humanité !

La terre a dû frémir jusque dans ses entrailles,
Les larmes du soleil ont voilé son flambeau
Et la nature a pris le deuil aux funérailles
        Du monde qui glisse au tombeau.

O père infortuné, roi déchu de ton trône,
Fuis avec ta compagne, esclave comme toi ;
Laisse-là ton bonheur, ton sceptre et ta couronne,
        Déserteur de la sainte Loi.

Adam, le ciel se ferme et la terre est maudite,
Tu fléchis sous le faix d'un éternel remords,
Suis, loin de la patrie à ta race interdite,
        Le sombre chemin de la mort.

Emporte dans l'exil ton deuil et ta souffrance
Pour pleurer ton péché ; mais garde dans ton cœur,
Avec le repentir, la suprême espérance
        Du salut par le Rédempteur.

V. Le plan Divin

« Qui racontera sa génération ? » (1)

Le monde était déchu de sa beauté première ;
Un silence de mort régnait au paradis
Et la race d'Adam, serve de la matière,
Fuyait loin du bonheur par des sentiers maudits.

Le Verbe, de son Ciel, contemplait ces fantômes
D'une terre où tout cède aux fureurs du péché ;
Il voyait les humains, les princes, les royaumes
Arborer l'étendard de l'Ange débauché.

---

(1) Isaie, LIII, 8.

Dans ce désordre affreux le monde entier s'épuise ;
C'est la lutte sanglante et la nuit de l'erreur,
Rome a tout asservi ; sa honte se déguise
Sous les dehors brillants d'une fausse grandeur.

Le juif a dès longtemps trahi sa destinée ;
Le paganisme n'est qu'un infernal rebut,
Et la philosophie hésite, condamnée
A chercher, mais en vain, d'où viendra le salut.

Satan, maître odieux, avec sa cour immonde,
Commande sans conteste ; il traîne dans ses fers
D'innombrables sujets sur les routes du monde,
Vils troupeaux qui s'en vont aux geôles de l'Enfer.

Alors le Fils de Dieu s'adressant à son Père :
« Les victimes d'antan, holocaustes grossiers,
« Ne sont à vos autels qu'un encens éphémère
« Qui fume avec le sang des boucs et des béliers ;

« C'est l'heure ! me voici : pour que se renouvelle
« Et rentre dans l'honneur un monde si pervers,
« A votre volonté, Père, toujours fidèle
« Votre Fils immolé sauvera l'univers. »

Et le géant céleste, entrant dans la carrière,
Descendra des hauteurs au domaine où le temps
Contre le plan du Ciel semble être une barrière,
Puisque l'Etre absolu répugne aux changements.

Mais le Verbe prendra dans une Vierge mère
La chair qui doit vêtir sa divine grandeur ;
Et dans un corps mortel, en naissant sur la terre,
Il sera, quoique Dieu, sujet à la douleur.

Sans lettres, à trente ans, sorti de sa retraite,
Il se fera d'abord l'apôtre des petits.
Incomparable saint, docteur, sublime ascète,
Dans la foule il prendra ses plus chers convertis.

Fulgurant thaumaturge aux prodiges sans nombre,
D'un geste il unira le miracle aux bienfaits ;
Son pouvoir brillera comme un éclair dans l'ombre
Sans nuire à la douceur empreinte sur ses traits.

Les pauvres, les cœurs droits béniront sa tendresse,
Il saura compatir à toute adversité,
Lui-même connaîtra la suprême détresse,
Et pour sauver le monde, il mourra de bonté.

Alors se lèvera contre son entreprise
L'orgueil, l'hypocrisie et l'effort des méchants,
Mais le monde verra sa divine maîtrise,
Tel un flot déchaîné, les emporter béants.

Des sages de la Grèce ou des penseurs de Rome
Les bustes étonnés chancelleront de peur
Devant cette éloquence où la langue de l'homme
Fait vibrer le Ciel même en son accent vainqueur.

Le Verbe fait chair

I. Marie

« Et le Verbe s'est fait chair. » (1)

O Fleur de Nazareth, berceau du grand mystère
Qui doit unir bientôt l'homme à son Créateur,
Regarde cette enfant modeste, solitaire ;
Tu ne soupçonnes pas sa future grandeur.
Au seuil de sa demeure apparaît un archange
Dont les traits, le regard respirent la douceur ;
Sa présence en ce lieu semble pourtant étrange
A celle dont un homme eût troublé la candeur.

---

(1) S. Jean, I, 14.

L'Ange disait : « Salut, Vierge pleine de grâce,
Du Seigneur tout puissant l'Esprit est avec vous,
Et votre âme bénie en sainteté surpasse
Les âmes dont le Ciel pourrait être jaloux.
Le Très-Haut veut donner un Sauveur à la terre ;
C'est le Verbe fàit homme, un Dieu, son propre Fils ;
De cet Emmanuel, vous-même serez mère,
Vous dont le cœur de chair est pur comme les lys. »

Honneur incomparable ! A cet honneur Marie
Préfère le trésor de sa virginité...
Quel doute pour le monde aspirant à la vie !
C'est la désespérance ou l'immortalité.
« Mais vous resterez Vierge et vous deviendrez Mère,
C'est le dessein de Dieu », lui répond Gabriel.
Elle tient en suspens l'ineffable mystère ;
Les Anges sont penchés sur la voûte du Ciel.

> Vers eux s'élève une harmonie
> Pleine de ferveur et d'émoi :
> « Venez, ô Sagesse infinie, (1)
> Donner au monde votre Loi.
>
> Adonaï, Souverain Maître
> Et législateur d'Israël,
> Descendez, faites-lui connaître
> Le don du salut éternel.

(1) Antiennes majeures du 17 au 23 Décembre.

O Rejeton, tige fleurie
De Jessé, qu'adorent les rois,
Que l'univers, en larmes, prie ;
Sauvez votre peuple aux abois.

O Clef de David, sceptre auguste,
Vous qui seul ouvrez et fermez,
Qui du pécheur faites un juste,
Délivrez vos fils opprimés.

Orient, lumière éternelle,
Soleil de grâce et de candeur,
De sa nuit, l'homme vous appelle,
Levez-vous dans votre splendeur.

Roi des siècles, pierre angulaire,
Puissant lien de charité,
Que par vous, Verbe tutélaire,
Notre limon soit racheté.

Emmanuel, Sauveur du monde
Et Désiré des nations,
Voyez leur détresse profonde ;
Venez, nous vous en supplions. »
. . . .

Si les Anges avaient des larmes,
Ils auraient souffert et pleuré,
Devant les cruelles alarmes
De l'univers désespéré.

Déjà les phalanges bénies
Unissaient leurs fervents échos
Aux suppliantes harmonies
Qui montaient parmi les sanglots.

Mais la Vierge répond : « Je suis l'humble servante
Du Seigneur ; qu'il soit fait suivant l'ordre divin ! »
Et le Verbe de Dieu, comblant la longue attente
De l'univers en deuil, habite dans le sein
Qui donne au Rédempteur sa chair immaculée ;
Le salut est promis à toute nation ;
La face du Très-Haut, dès longtemps irritée,
Sourit à l'univers dans l'Incarnation.

II.   Vers Hébron

La fille de David a compris le prodige
Qui vient d'être accompli par l'éternel Amour :
Une fleur sortira de la céleste tige,
Et son fruit, l'Homme Dieu, verra bientôt le jour.
Mais l'Ange a fait connaître à la Vierge Marie
Un autre événement qui réjouit son cœur :
Elisabeth par Dieu venait d'être bénie,
Pour que l'Emmanuel eût un saint Précurseur.

------

(1) S. Luc, I, 39.

Vallons de Chanaan, montagnes de Judée,
Que le juste Abraham avait rendus fameux,
Demeurez attentifs : voici l'Immaculée ;
Elle porte Celui qu'appellent tous les vœux.
Hébron, chante *hosanna !* c'est Lui, c'est le Messie.
Mais tu ne connais pas le secret du Seigneur :
Un Dieu, son Précurseur, Elisabeth, Marie
Aujourd'hui dans tes murs ! Ah ! quelle est ta gran-
[deur !

L'Esprit souffle d'en haut. Elisabeth commence :
« Bénis soient à jamais la mère de mon Dieu
Et le fruit de son sein ! O divine présence,
Je le sens, Jéhovah réside dans ce lieu ;
Séraphins, adorez. » A son tour, Notre-Dame,
Le cœur tout embrasé de l'amour maternel,
En son *Magnificat* chante l'épithalame
De la nature humaine et du Verbe éternel.

III. Magnificat

> « *Il a fait en moi de*
> *grandes choses Celui qui*
> *est tout-puissant.* » (1)

O mon âme, bénis du Seigneur la tendresse,
Quel transport inconnu fait tressaillir mon cœur !
C'est la félicité, c'est l'ineffable ivresse
Que verse dans mon sein l'amour du Dieu Sauveur.

Il a jeté les yeux sur sa pauvre servante,
Exalté ma bassesse aux sublimes hauteurs ;
Les siècles rediront le bonheur qui m'enchante
Et mon humilité devant tant de grandeurs.

Le Seigneur soit loué ! Son nom est adorable ;
Je bénis à genoux ses merveilleux desseins.
Sa sagesse infinie autant qu'impénétrable
Confond tous les calculs et les pensers humains.

-----

(1) S. Luc, I, 46.

Qu'elle est touchante, ô Dieu, cette miséricorde
Qui va de race en race au lointain avenir !
Ravi de la bonté dont votre cœur déborde,
Le monde en gardera l'éternel souvenir.

Souvent l'orgueil humain dressa son insolence
En face du Très-Haut. Tremblez, fiers potentats !
Vos trônes renversés salueront sa puissance ;
Les humbles grandiront à l'ombre de son bras.

Car il tient dans sa main le sort de chaque empire,
Les peuples, les cités sont soumis à ses lois ;
Il livre les tyrans à leur propre délire
Et de son seul regard les réduit aux abois.

Accueillant au malheur et toujours secourable,
Il sait prêter l'oreille aux cris de l'indigent ;
Il le comble de biens, mais reste inexorable
Aux vœux sans piété de l'orgueil opulent.

Et sa miséricorde aujourd'hui s'est montrée :
Au lieu d'un peuple ingrat, trop souvent criminel,
Sur la terre des morts enfin régénérée
Il va faire germer un nouvel Israël.

Notre père Abraham en reçut la promesse,
En transmit le trésor à sa postérité ;
Les temps sont révolus, et Dieu dans sa tendresse
Ramène vers le Ciel l'heureuse humanité.

VI. Zacharie

Quand le temps fut venu, le prêtre Zacharie
Reçut l'enfant promis par l'Ange Gabriel ;
Le vieillard célébra d'une voix attendrie
Sa débordante joie et les bontés du Ciel :

Béni soit le Seigneur ! A notre humble patrie
Il rend les grandeurs d'Israël.
Console-toi, Sion trop longtemps asservie,
Ton peuple devient immortel.

____

(1) S. Luc, I, 68.

Celui qui de David fait refleurir la race
    Va relever sa nation,
Et sa miséricorde aujourd'hui se surpasse
    Dans la sainte Rédemption.

Il l'avait annoncé par la voix du prophète
    Aux siècles les plus reculés ;
Pasteur, il va grouper autour de sa houlette
    Des peuples longtemps dispersés.

Sa touchante bonté, sa puissance infinie
    Nous délivrent des oppresseurs ;
Il brise enfin le joug de dure tyrannie
    Qui mit le comble à nos malheurs.

Demain il va venir dissiper nos tristesses,
    Nous rendre un destin glorieux,
Et sa miséricorde a tenu les promesses
    Faites jadis à nos aïeux.

Car le Seigneur avait juré cette alliance
    Avec le père des croyants ;
Le serment fut gardé sans nulle défiance
    D'Abraham à ses descendants.

Toi-même, heureux enfant que le Ciel nous envoie,
    Grandis : tu seras le héraut,
Le précurseur du Christ, auteur de notre joie,
    Et le prophète du Très-Haut.

Tu diras à nos fils la loi de pénitence
    Dont tu traceras le sillon ;
Tu leur feras sentir par ta rude éloquence
    Du remords l'acerbe aiguillon.

Tu leur annonceras de la miséricorde
    L'austère et touchante douceur,
Les grâces que le Ciel à nos larmes accorde
    Par les mérites du Sauveur.

Salut, soleil divin ! des voûtes éternelles
    Tu vas rayonner sur nos fronts ;
Viens dissiper le froid et les ombres cruelles
    De la mort que nous redoutons.

V. Noël

> *« Gloire à Dieu dans les hauteurs*
> *des Cieux et paix sur la terre aux*
> *hommes de bonne volonté ! »* (1)

Ecoute, Bethléem, cité qu'attend la gloire :
Quel est ce vent mêlé de célestes concerts ?
Un grand événement, le plus grand de l'histoire,
S'accomplit près de toi. Ces accords dans les airs,
Ces lueurs dans la nuit et ces rayons sublimes,
L'hymne qui fait vibrer les échos d'alentour
Et ces doux messagers qui volent sur les cimes
Annoncent aux humains le règne de l'Amour.

(1) S. Luc, II, 35.

Louange et gloire au Ciel ! Mortels, paix à la terre !
L'univers consterné va respirer enfin ;
Satan fuit : son regard se trouble et s'oblitère ;
Aux hommes Dieu prépare un bienheureux destin.
C'est Lui, le Rédempteur qu'annoncent les prophètes !
Que la plaine et les monts chantent Noël, Noël !
A de pauvres bergers les divins interprètes
Ont signalé la grotte où naît l'Emmanuel.

Miracle de tendresse, immense charité !
Le Maître Souverain des siècles et des mondes,
Sorti des profondeurs de son éternité,
Partage dans le temps nos misères profondes.

L'astre dont la splendeur n'a ni matin, ni soir,
Le Verbe, auréolé d'immortelles années,
Dépouille son éclat, vient à nous, sans déchoir,
Pour porter jusqu'à Dieu nos âmes couronnées.

Les Cieux fermés se sont ouverts,
Saluons l'aimable Messie ;
Mais au Seigneur de l'univers
Rendons hommage avec Marie.

La Vierge adore son Enfant
Dans la crèche de l'indigence,
Humble ici, là-haut triomphant
Sur le trône de sa puissance.

VI. Présentation

> « *Cet enfant est né pour la ruine
> et la résurrection d'un grand nom-
> bre.* » (1)

Sur le parvis du temple, un vieillard vénérable
Dans la ferveur attend le salut d'Israël,
Et voici, sur les bras de la Mère admirable,
Un enfant appelé le Fils de l'Eternel.

Siméon se recueille, et, les yeux pleins de larmes,
Contemple son Sauveur qu'il bénit en tremblant ;
Dans sa pieuse extase, ému de tant de charmes,
Le prophète inspiré dit son suprême chant.

------

(1) S. MATTH. II, 2.

« Les siècles ont passé dans les plaintes funèbres ;
Patriarches en deuil, séchez enfin vos pleurs,
L'Orient se colore et chasse les ténèbres,
C'est le divin Soleil montant vers les hauteurs.

J'ai vu, Seigneur, j'ai vu le Verbe de lumière ;
Ici-bas, je ne rêve aucun autre bonheur ;
Dans ce rayon de joie achevez ma carrière,
Laissez mourir en paix votre heureux serviteur. »

Puis tournant son regard vers la candide mère,
Siméon tressaillit sur son terrible sort :
« Le Rédempteur, dit-il, partagera la terre :
D'un côté c'est la vie et de l'autre la mort.

Mais vous, l'Immaculée, ô douce Notre-Dame,
Debout près de l'autel, immolez votre cœur :
La justice de Dieu transpercera votre âme
Par les coups répétés d'un glaive de douleur. »

VII. Les Mages

« *Nous avons vu son étoile en
Orient et nous sommes venus l'adorer.* » (1)

Le prophète avait dit : « Un jour le Saint des Saints
Sortira de Jacob, franchissant les étoiles,
Prince victorieux et Sauveur des humains ;
Sa splendeur de nos nuits dissipera les voiles. »

Or l'univers songeait à ce doux conquérant ;
On s'en préoccupait dans le monde des sages,
Quand un astre inconnu parut vers le levant
Et fut presque aussitôt observé par les Mages.

---

(1) S. MATTH. II, 13.

Ces mystiques savants honoraient le vrai Dieu :
Dans l'étoile nouvelle ils virent un symbole,
Et partirent à trois pour découvrir le lieu
Dont l'astre de Jacob paraissait l'auréole.

Arrivés dans Sion, au Conseil des Anciens :
« Nous venons, dirent-ils, adorer le Messie.
Ce prince de la paix qu'ignorent les païens,
Où donc est son berceau, suivant la prophétie ?

— Bethléem de Juda doit lui donner le jour ;
Il rendra sa puissance à la nation sainte. »
Les Mages, inspirés par leur fervent amour,
Vers l'humble Bethléem se dirigent sans crainte.

Et l'astre merveilleux de nouveau les conduit :
Ils entrent sous le toit dont l'aimable sourire
D'un enfant au berceau semble égayer la nuit ;
Ils offrent pour présents l'or, l'encens et la myrrhe.

L'or symbolise un Roi, l'encens convient à Dieu,
La myrrhe a des parfums faits pour la sépulture,
Et des Mages la foi discerne l'Homme-Dieu,
Le Seigneur éternel dans une créature.

La lumière du ciel les avait éclairés,
Et, des peuples lointains vaillante colonie,
Ils apportaient au Christ des cœurs régénérés,
Prémices de la terre à son Epiphanie.

VII. En Egypte

Les Mages ont quitté l'abri de Bethléem,
Après avoir rempli leur mission sacrée ;
Un songe les invite à fuir Jérusalem
Pour rejoindre au plus tôt leur lointaine contrée.
Ils s'en retournent donc par un autre chemin.
Hérode en est troublé pour son fragile trône ;
La menace est dans l'air, et le prince inhumain
Fait des projets sanglants pour sauver sa couronne.

(1) S. Luc, I, 49.

Mais Joseph a reçu les oracles d'En-Haut ;
Il faut prendre l'Enfant que le Ciel lui confie
Et, laissant Bethléem, s'éloigner au plus tôt :
Jésus est en danger, on en veut à sa vie.
La nuit fraîche s'endort dans l'air silencieux ;
Joseph selle son âne ; et, sur cette monture,
La Vierge dans ses bras presse le Roi des Cieux.
On part : la douce bête active son allure.
Deux jours de marche auront conduit les fugitifs,
A travers le désert, au fond de l'Idumée :
Ils ne craignent plus là le monarque des juifs,
Et l'Egypte ne sait rien de leur destinée.

La nature a semblé les reconnaître mieux,
Et le prodige éclate à l'approche du Maître :
Le sable du désert fleurissait sous ses yeux,
Mainte idole tomba quand il vint à paraître.
Mais la légende et l'art ont chargé tour à tour
Ces tableaux où l'on voit des fauves sans malice,
Des lions adoucis qui viennent chaque jour
Présenter à l'Enfant leurs vœux et leur service.

Joseph s'est arrêté par un soleil cuisant ;
Un palmier semble offrir l'ombrage de ses branches ;
Jésus lui tend les bras, et l'Arbre bienfaisant
Laisse tomber ses fruits en belles avalanches.
Puis Marie, ayant soif, signale de la main
Une source boueuse : aussitôt l'eau scintille
Et se change en cristal. Ce fut un vrai festin
D'eau claire et de beaux fruits pour la sainte famille.

Le prodige pourtant reste une exception :
Si le peuple et l'artiste ont souvent pris licence
D'embellir leurs récits par quelque fiction,
L'Evangile suffit à la saine croyance.
Le Ciel choisit Joseph pour garder l'Enfant Dieu,
Comme il prend des humains pour garder d'autres
                                            [hommes,
S'il fait intervenir le miracle en son lieu,
Pour aider les acteurs fragiles que nous sommes,
Il sait quel est Joseph, quelles sont ses vertus :
Un Ange l'avertit, et le saint patriarche,
Pour partir en exil, n'en demande pas plus.

Les périls du désert ne troublent point sa marche ;
Les fauves et la faim ne l'arrêteront pas ;
Il est le chef élu d'une double faiblesse ;
Dieu veille cependant, il guidera ses pas
Et viendra, s'il le faut, secourir sa détresse.

Qu'il est beau ce Jésus, dans son humble abandon,
Caché sous le manteau d'une douce tendresse,
Abaissé, mais plus grand qu'Hérode ou Pharaon,
Avec deux exilés que tout éclat délaisse !
C'est l'Envoyé du Ciel, prophète tout-puissant,
Divin par sa vertu, sa doctrine profonde,
Dieu même en sa personne, aujourd'hui faible enfant,
Qui dans trente ans fera la conquête du monde.

IX. Hérode

> *« Alors s'accomplit la parole de*
> *Jérémie :* Une grande plainte s'est
> élevée dans Rama ; Rachel inconso-
> lable y pleure ses enfants. » (1)

Pendant que l'Enfant-Dieu s'éloignait de Juda,
Hérode poursuivait ses visions troublantes.
Pour atteindre Jésus, le monstre décida
De prendre sur le champ des mesures sanglantes.
A Bethléem il fit massacrer les enfants ;
Ce fut dans le pays une horrible hécatombe
Parmi les nouveau-nés, au-dessous de deux ans,
Qui du sein maternel passèrent dans la tombe.

----

(1) S. Matth., II, 17-18.

Hérode en sa fureur n'épargna même pas
Un de ses propres fils condamné par son âge ;
L'enfant fut englobé dans ces affreux trépas
Dont le nouveau Moloch savourait le carnage.

Que d'imprécations, de haine et de mépris,
Hérode, te valut cette sombre semaine !
L'histoire, en recueillant les larmes et les cris
Des martyrs, t'a nommé le tigre à face humaine !
Un empereur Romain traduisit ce mépris
En disant à sa cour : « Dans la maison d'Hérode
Etre son porc vaut mieux qu'être son propre fils ! »
Pour lui la cruauté n'est qu'un simple épisode :
L'aigle d'or érigé sur la porte du temple
Ayant été brisé par deux scribes fameux,
Il les fit brûler vifs, pour donner un exemple,
Et quarante des leurs périrent avec eux.

La fin du monstre fut digne de tels exploits ;
Les vers, avant sa mort, dévoraient ses entrailles,
Lui, qu'on avait souvent hissé sur le pavois
N'emporta nul regret, même à ses funérailles.
Il avait ordonné que, pour porter son deuil
Et provoquer des cris, des sanglots et des larmes,
Les grands Juifs, immolés autour de son cercueil,
Mettraient à son trépas de sanguinaires charmes.

On n'exécuta pas son ordre détesté :
Aussi le monstre aura tressailli dans sa bière,
Sous cet affront cinglant fait à sa volonté,
Pour finir dans un cri de rage et de colère.

X. A douze ans

> *« Ils le trouvèrent dans le temple,
> assis au milieu des docteurs, les
> écoutant et les interrogeant. »* (1)

Douze ans sont écoulés. Jérusalem en fête
A reçu par milliers ses pieux pèlerins ;
Les rites achevés, le chant des chœurs s'arrête
Et la foule pressée encombre les chemins.
C'est l'heure du retour pour la sainte famille,
Mais en route Marie et Joseph sont déçus :
Parcourant inquiets le peuple qui fourmille,
Ils n'aperçoivent point le cher Enfant Jésus !

(1) S. Luc, II, 46.

Accablés de tristesse, ils rentrent dans la ville
Avec les souvenirs du lamentable jour
Où le tyran fameux menaçait leur asile ;
La douleur ou l'espoir les presse tour à tour ;
Ils arrivent enfin dans l'enceinte du temple :
Des vieillards étonnés, presque pâles d'émoi,
Entourent l'Enfant-Dieu qui leur donne un exemple
De sagesse inconnue aux docteurs de la Loi.

C'est qu'en traits de lumière éclate sa parole
Au point qu'elle éblouit, confond de fiers savants.
Marie alors survient. Son amour se désole ;
Elle adresse à Jésus des reproches touchants :
« Vous nous avez quittés ! Voici que votre père
Et moi nous vous cherchions. » Jésus levant les yeux :
« Vous le savez, dit-il, à tous soins je préfère
Le vouloir paternel que je lis dans les cieux. »

XI. Nazareth

« *Jésus descendit avec eux ; il vint à Nazareth, et il leur était soumis.* » (1)

L'Enfant est revenu docile au pauvre toît
      Où s'abrite sa vie obscure ;
Il recherche l'oubli ; son Père seul a droit
      Au culte de la créature.
Humble fils d'artisan, dans un humble horizon,
      Chaque jour en grâce il avance,
Et déjà donne à tous une grande leçon
      En pratiquant l'obéissance.

Soumis à Saint Joseph, son père nourricier,
      Et délice de Notre-Dame,
Le blond adolescent peine comme ouvrier.
      C'est une autre loi qu'il proclame :

---

(1) S. Luc, II, 51.

Car son divin exemple apprend au travailleur
    Que rien ici-bas ne se fonde
Sans généreux effort ou sans quelque douleur,
    Et Dieu rend la tâche féconde.

Par ce tableau touchant il instruit les humains
    Et combat des erreurs profondes ;
Car les hommes ont vu charpenter de ses mains
    Un Dieu, l'architecte des mondes.
Tout mortel, sur un trône ou dans un atelier,
    Se doit à la tâche imposée
Et rien ne grandit plus le prince ou l'ouvrier
    Que d'accomplir sa destinée.

Ainsi trente ans d'oubli pour Jésus passeront
    Avant l'heure de l'Evangile ;
Un tel retardement de l'œuvre nous confond,
    Serait-ce un prélude inutile ?
Non, cette longue nuit avant l'éclat du jour,
    Cette pauvreté, ce silence
Déjà nous ont ouvert le compte de l'amour
    Et du salut dans la souffrance.

. . . .

Enfin Jésus va se montrer :
Il sanctifie à son Baptême
L'eau qui lave et permet d'entrer
Au royaume de Dieu lui-même.
Du Jourdain il passe au désert ;
Dans l'épreuve et dans l'abstinence
Il montre au pécheur qui se perd
Le chemin de la pénitence.

L'Homme Dieu

I. Son Précurseur

« Une voix crie dans le désert :
Préparez la route du Seigneur ;
redressez pour lui les sentiers. » (1)

Le fils de Zacharie aimait la solitude ;
Vivant de miel sauvage au fond de son désert,
Il portait pour habit l'étoffe la plus rude
Et dormait sur un lit par la nature offert.
C'est là que Dieu le prit pour prêcher sa parole,
Des Juifs indifférents réveiller la torpeur,
Et montrer à son peuple en un vivant symbole
Comment le repentir conduit à la ferveur.

____

(1) S. Marc, I, 3.

Chaque jour retentit, dans l'immense vallée
Incluse entre les monts et le cours du Jourdain,
En terribles accents, l'éloquence enflammée
De ce Voyant qui parle en précurseur divin.
Les auditeurs tremblaient sous cette voix qui clame :
« Redressez les sentiers, abaissez les hauteurs
Pour Dieu qui de vos jours tient en ses doigts la trame
Et menace vos fronts de ses fléaux vengeurs ! »

Malheur à vous, puissants, qui pressurez les âmes ;
Hypocrites, songez qu'il vous faudra mourir !
La hache va frapper ; on jette dans les flammes
L'arbre trouvé sans fruit. Le Maître va venir,
Le van est en ses mains pour expurger son aire ;
Il criblera le vice et les iniquités...
Vous connaîtrez alors l'éternelle misère,
Les justes châtiments dûs aux cœurs dégradés.

La voix du Précurseur ose se faire entendre
Jusque chez Antipas, dans un palais royal.
« Au nom du Tout-Puissant, dit-il, je viens défendre
L'honneur, les droits sacrés du lien conjugal. »
Le couple incestueux a frémi sur son trône ;
Mais l'épouse adultère, hostile au repentir,
S'obstine en son orgueil et traîne sa couronne
Dans le sang généreux du prophète martyr.

Ainsi le Précurseur avait quitté la terre
Et rendu maintes fois témoignage à Jésus ;
Cet homme est, disait-il, le Christ que je vénère ;
Sa grandeur m'éblouit et me laisse confus.

Il est « l'Agneau de Dieu » qui sauvera le monde ;
Car j'ai vu l'Esprit Saint se reposer 'sur lui ;
Au Jourdain, son baptême a sanctifié l'onde,
Des malheureux pécheurs il doit être l'appui.

Si je suis demeuré quelque temps sur ces rives,
C'est pour ouvrir la voie au Sauveur d'Israël ;
Il vient porter secours à tant d'âmes captives,
Ce bien-aimé de Dieu, Verbe de l'Eternel.

Le Père a regardé l'univers qui succombe ;
Il députe son Fils, l'Agneau mystérieux ;
L'Esprit étend sur lui ses ailes de colombe
C'est le Dieu trois fois saint qui nous appelle aux Cieux.

11. Cana

« *La Mère de Jésus lui dit : Ils
n'ont plus de vin.* » (1)

En un soir de printemps, Cana s'est endormie
Paisiblement bercée au chant de ses roseaux,
Pendant que se prépare une cérémonie
Où brillent dans la nuit de mystiques flambeaux.
C'est l'hymen consacré par les plus nobles rites :
Les parents sont venus joyeux au rendez-vous,
Et tous les invités célèbrent les mérites,
Les vertus, la beauté des deux jeunes époux.

---

(1) S. Jean, II, 4.

La fiancée attend au milieu d'un cortège
De dix vierges portant une lampe à la main ;
Le paranymphe dit — c'est là son privilège —
« Amis, voici l'époux ; mettons-nous en chemin. »
Dans le rayonnement d'une douce lumière,
Le fiancé paraît en riche manteau blanc ;
Sa mine est radieuse et sa démarche fière,
Un bandeau cerclé d'or entoure son turban.

En entrant il reçoit les tablettes de pierre,
Où la dot est inscrite, et de riches présents.
Et tous deux, acclamés au seuil de la carrière,
S'avancent au milieu des fleurs et de l'encens.
Flûtistes et chanteurs d'allure joviale
Préludent sans retard à leurs airs les plus doux ;
Ils conduisent en chœur la marche nuptiale
Vers la blanche villa destinée aux époux.

Le festin est servi, succulent mais honnête :
L'énigme, le proverbe et d'autres jeux d'esprit
Plaisent aux invités. Les héros de la fête
Trouvent dans le symbole et sagesse et profit.
Ainsi, selon l'usage, on brisera leurs verres ;
Ils comprendront par là que la félicité,
Tout comme le cristal, sont des biens éphémères
Dont l'éclat se mesure à leur fragilité.

D'un tel repas le sens religieux et grave
Attire l'Homme-Dieu sous le toit des époux,
Et sa présence met à cet hymen suave
Un sceau qui le rendra plus durable et plus doux.
Contenu par le Maître, un souffle d'allégresse
Anime tous les cœurs au cours du long festin,
Quand Marie à son Fils s'adresse avec tristesse :
« Voyez, les pauvres gens ! Ils vont manquer de vin. »

Ce mot semble un écho de la détresse humaine
Faisant monter vers Dieu les appels douloureux
Que le Verbe entendit. Il vient dans son domaine
Offrir aux cœurs dolents un nectar généreux.
Ce nectar de la grâce apparaît en figure
Aux noces de Cana : dans un geste divin
Le Seigneur s'est montré maître de la nature,
Et, dès qu'il eut parlé, l'eau fut changée en vin.

D'un miracle infini ce fut l'heureux symbole :
Le Royaume des Cieux va *changer* l'univers ;
Et les morts entendront la puissante parole
Qui sèmera la vie au milieu des déserts.
Car les hommes perdus vont à l'idôlatrie,
Se traînent sans courage au hasard du chemin,
Pour tomber languissants au seuil de la patrie.
Mourront-ils sans goûter le breuvage divin ?

Venez, fiévreux mortels ! dans votre soif ardente,
Vous boirez à la coupe où s'enivre la foi,
Où l'on puise la force, où la vertu s'enchante ;
Vous combattrez le monde et l'enfer sans effroi.
Jésus est la lumière et la chaleur des âmes ;
C'est Lui qui fait briller l'indéfectible jour.
O vous qui n'avez plus ni piété, ni flammes,
Réchauffez vos frissons au feu de son amour.

III. Sur la Montagne

> « *Jésus, voyant la multitude, alla s'asseoir sur un lieu élevé et il parla au peuple.* » (1)

Venez, instruisez-vous, maîtres de la doctrine
Et vous pourrez juger vos dogmes avilis ;
Ecoutez confondus la parole divine :
« Vous avez enseigné, *mais moi je vous le dis...* »
A-t-on jamais parlé dans une académie
Avec cette assurance et cette autorité ?
Docteurs, il vient du ciel Celui qui vous défie
Sans peur et sans orgueil, fort de la vérité.

----

(1) S. MATTH., V, 1.

Montez avec le Christ à ces hauteurs sublimes
Où vous rencontrerez la Révélation ;
Car la seule raison chancelle sur ces cimes ;
Il lui faut pour appui Dieu, sa religion.
Et vos cœurs ont besoin, gâtés par la misère,
Du secours de Celui que vous connaissez mal,
Secours que l'homme obtient à genoux, en prière,
Et sans lequel il va vers un destin fatal.

Le Christ, sur la montagne, apporte aux multitudes
Le secret du bonheur dans un enseignement
Que l'histoire a nommé les huit béatitudes ;
De morale divine éternel monument,
C'est un défi cinglant à la sagesse antique,
Aux préjugés reçus dans le monde païen,
Comme aux mensonges creux prônés sous le Portique,
Et bientôt dissipés par le dogme chrétien.

Deux doctrines dès lors se trouvent en présence.
Le monde préconise et l'or et le plaisir,
Il exalte l'orgueil. Mais l'Homme-Dieu commence :
« Riches, malheur à vous ! » Ce qui doit resplendir
Au royaume des Cieux c'est la vertu cachée,
C'est l'humble pureté, l'invincible douceur,
La paix, la pauvreté noblement supportée,
La résignation, baume de la douleur.

Pour s'élever au Ciel, l'âme humaine a deux ailes,
Sublimes dons de Dieu, la prière et la foi
Qui tendent sans relâche aux sphères immortelles.
Sans leur puissant secours, tout n'est que désarroi ;
Car l'esprit est borné, la science fragile ;
Ténèbres et périls nous suivent ici-bas.
Quand l'épreuve survient, le cœur reste débile
Et tout l'homme faiblit à l'heure des combats.

Mortels, il faut prier. Si le sort vous accable,
Tournez vos yeux en pleurs vers l'Amour infini,
Et dites : « *Notre Père, aux faibles secourable,*
Que votre nom si doux soit à jamais béni,
Que votre règne arrive et que vos lois très sages
Se gravent dans les cœurs. Nous implorons de vous
Du pain et le pardon de nos fréquents outrages,
L'appui dans le danger, mais du mal sauvez-nous. »

IV. Les béatitudes

> *« Bienheureux ceux qui souffrent*
> *pour la justice, le royaume des Cieux*
> *est à eux. »* (1)

L'opulence n'est pas un titre à mon royaume :
Pauvres, regardez-la sans haine et sans dépit ;
Riches, détachez-vous du séduisant fantôme,
Et tous vous deviendrez des pauvres en esprit.

Soyez humbles de cœur, patients, courageux :
Le bonheur ne suit pas l'orgueil ni la colère ;
Ceux qui vivent sans bruit, les doux sont bienheureux,
Ils possèdent déjà le Ciel sur cette terre.

____

(1) S. Matth., V, 10.

Le bonheur quelquefois se glisse dans les larmes ;
Heureux les résignés dont les yeux ont pleuré.
Car Dieu dans la souffrance a semé de tels charmes
Qu'ils mènent au torrent de la félicité.

Gémissez sur les maux qui flétrissent les âmes,
Sur les péchés du monde et sur l'oubli de Dieu,
Sur votre long exil, sur le crime et les drames
Qui font de notre terre un triste et mauvais lieu.

Les Saints n'oubliaient pas les deuils de la patrie,
La guerre, ses fureurs et tant de sang versé,
Des ennemis de Dieu l'incurable folie,
Les malheurs de Sion, son temple renversé.

La souffrance est partout : aux sentiers de la vie
On suivrait les humains à la trace des pleurs ;
Combien d'infortunés à la face flétrie
Souffrent des maux d'autrui comme ils souffrent des
                                              [leurs !

Ce sont des cœurs brisés ! Vous les plaignez sans doute,
Vous redoutez leur sort : et moi, je vous le dis,
Quittez ce préjugé, car souvent sur la route
Nos larmes font germer les fleurs du Paradis.

Mais les hommes trompés ne trouvent de délices
Que dans les vains plaisirs et les biens d'ici-bas ;
Vous, ayez faim et soif de toutes les justices,
Seuls trésors dont le cœur ne se dégoûte pas.

Ayez pour le malheur une pitié profonde,
Pardonnez à l'offense, aux mauvais procédés,
Pour apaiser là-haut la colère qui gronde
Contre le lourd fardeau de vos propres péchés.

Le savoir transcendant n'est pas le vol de l'âme
Aux sereines hauteurs qu'habite l'Infini :
Cherchez par dessus tout la lumineuse flamme
D'un cœur que le contact du mal n'a point terni.

Les hommes au cœur pur ont un regard limpide,
Où le Ciel, semble-t-il, reflète sa clarté,
Cet œil qui, dans la nuit du monde, est un sûr guide
Et nous fait entrevoir la divine beauté.

Les vrais enfants de Dieu se montrent pacifiques,
Artisans de concorde, apôtres de la paix :
Au milieu de l'orage et des luttes tragiques,
Il sèment la douceur sans se lasser jamais.

Se renoncer soi-même et combattre le vice,
Sé courber sous la Croix, emblème des vertus,
Souffrir et s'immoler pour Dieu, pour la justice,
C'est suivre le chemin qu'il trace à ses élus.

V. Dans la Cité de Dieu

Jésus-Christ, étendant son regard prophétique
Sur les siècles futurs et les peuples divers,
Annonce les destins et la lutte héroïque
De ceux qu'il enverra conquérir l'univers.

Le monde n'est rempli que de fiel et de haines :
Disciples de la Croix, un jour vous paraîtrez
Devant les tribunaux, chargés de lourdes chaînes,
A cause de mon nom que vous annoncerez ;

---

(1) S. MATTH. V, 14.

Ne vous effrayez pas. Dans ce combat étrange
La gloire est aux agneaux capables de souffrir ;
Les loups seront vaincus, abîmés dans leur fange,
Et vous triompherez, vous qui saurez mourir.

Ne craignez pas les fouets, ni le fer, ni la flamme,
Mais le péché qui mène aux tourments éternels,
Le mépris du trépas est la force de l'âme
Et les martyrs tombés sont des morts immortels.

> Vous êtes le sel de la terre :
> Si le sel vient à s'affadir,
> Perdant sa vertu salutaire
> Il ne peut plus rien assainir.

Vous porterez encore au monde la lumière ;
Ne la cachez jamais sous l'ombre du boisseau.
Elle contient la foi dans sa source première
Et vous devez à tous en montrer le flambeau.

> Une cité, sur la colline,
> Laisse voir de loin ses remparts ;
> Qu'ainsi mon Eglise domine,
> Pour briller à tous les regards.

N'aimez pas seulement les hommes qui vous aiment,
Traitez avec bonté même les malfaisants ;
Car le soleil de Dieu luit sur tous ceux qui sèment
Et fait mûrir aussi la moisson des méchants.

Donnez, ne fût-ce qu'une obole,
Du pauvre soyez le soutien,
Mais de la droite qui console
Que la gauche ignore le bien.

Que votre piété ne soit point vaine gloire
Et ne s'étale pas sous les regards humains ;
Priez dans le secret d'un modeste oratoire :
Le Père bénira vos vœux et vos desseins.

Si la paille apparaît dans l'œil de votre frère,
Et que vous en soyez choqué,
Prenez garde, ô censeur sévère,
Que le vôtre, en retour, d'une poutre est masqué.

Combattez sans merci l'orgueil, la jalousie
Dont les hommes méchants sont trop souvent rongés ;
L'amour-propre conduit jusqu'à l'hypocrisie ;
Pécheurs, ne jugez point, pour n'être point jugés.

Le souci des biens de la terre
Ne convient pas au cœur pieux ;
Contentez-vous du nécessaire
Et ne soyez pas envieux.

Voyez le sort des fleurs : le lys jamais ne file,
Et Dieu, tout libéral, lui donne un vêtement
Si beau, si merveilleux dans sa blancheur fragile,
Que Salomon était vêtu moins richement.

Dans les guérets, sous la ramure,
Les oiseaux, qui ne sèment pas,
Joyeux, au sein de la nature
Trouvent leur gîte et leur repas.

Dieu veille, à chaque jour l'effort suffit et passe ;
N'ayez souci du lendemain.
L'avare qui gémit et qui toujours amasse
Ne mange pas plus à sa faim.

Le bon pasteur donne sa vie
Pour les brebis de son troupeau ;
De soucis son âme est remplie,
S'il lui manque le moindre agneau.

Que la mèche noircie et chaude fume encore,
Ministres d'un Dieu bon, vous ne l'éteindrez pas ;
Car le pécheur espère et peut-être il implore.
Epargnez le roseau brisé sous le frimas.

VI. Le Miracle

> « *Au coucher du soleil, tous ceux
> qui avaient des infirmes ou des
> malades les amenaient, et Jésus
> imposant les mains à chacun les
> guérissait.* » (1)

Les grands enseignements adressés à la foule,
Les austères devoirs, les dogmes inconnus
Semblaient aux auditeurs comme un torrent qui roule
Ou des éclairs fuyant aussitôt apparus :
Flots bondissants, pressés ; rapides météores
Qui passent sans répit ! Les hommes étonnés
Cherchent pour l'avenir de plus douces aurores
Ou des fleuves dormant sous leurs flots apaisés.

(1) S. MARC, III, 10.

Mais il fallait d'abord, pour réveiller les âmes,
Marquer en traits de feu le fossé qui s'étend
Entre le monde ancien, aux doctrines infâmes,
Dur aux infortunés comme au peuple ignorant,
Et le monde nouveau que créera l'Evangile,
Ce foyer de lumière intense et chaleureux,
Riche de vérité pour tout esprit docile
Et qui met l'espérance au cœur des malheureux.

Jésus convie alors à d'émouvants spectacles
Les hommes attentifs. Il leur dit : « *Dieu c'est moi.* »
Et s'imposant à tous par d'éclatants miracles,
Il force la raison à plier sous la loi,
Car Il est tout-puissant et sa parole est claire :
Si la vie et la mort s'inclinent sous sa main,
S'il reproduit vraiment les œuvres de son Père,
Il vient au nom du Ciel ; son pouvoir est *divin*.

L'Esprit l'acclame à son Baptême,
La tempête cède à sa voix,
Et son autorité suprême
A la mer impose des lois.

Il délivre de la souffrance,
Par des prodiges répétés,
Tous ceux qu'attire sa présence
Et que le mal avait frappés.

Aux désirs des cœurs droits, comme aux louches ma-
De l'incrédulité, lui-même a répondu :   [nœuvres
« Si vous doutez de moi, vous croirez à mes œuvres. »
Vous verrez si je suis le Messie attendu.

          Les infirmes de leur misère
          Autour de moi sont délivrés ;
          L'aveugle revoit la lumière
          Et les boîteux sont redressés.

          La hideuse lèpre est guérie,
          Les malades sont soulagés,
          Les morts sont rendus à la vie,
          Les petits évangélisés.

Accourez, légions de la détresse humaine,
Infirmes ou lépreux, pitoyable troupeau,
Parlez et proclamez la vertu souveraine
Qui d'un mot sait guérir et commande au tombeau.

Lazare ranimé, qui donc à Béthanie
Est venu conjurer votre funèbre sort ?
N'est-ce pas l'Homme-Dieu qui, Maître de la vie,
S'est relevé lui-même en terrassant la mort ?

VII. Près de Naïm

> « *Et Jésus rendit l'enfant à sa mère.* » (1)

Le Seigneur poursuivant sa route en Galilée,
Gravissait vers Naïm la pente d'un coteau,
Lorsque vint à passer la mère désolée
D'un pauvre adolescent qu'on portait au tombeau.
Un cortège bruyant s'éloignait des murailles
Vers le funèbre lieu. Derrière le brancard
Des pleureuses clamaient leurs airs de funérailles
Et vingt joueurs de flûte avec leurs sons criards
Emplissaient le versant d'horreur et de détresse.

----

(1) S. Luc, VII, 15.

Au loin, vers l'orient, s'étendait le miroir
Du grand lac : les flots bleus aspiraient la caresse
De la brise fuyant dans le calme du soir.
Plus près, des acacias, des palmiers centenaires,
Des buissons pleins de nids étalaient leurs splendeurs ;
Les oiseaux, abrités dans ces calmes repaires,
S'ébattaient en chantant parmi l'éclat des fleurs.

Le Seigneur, tout ému de ce poignant contraste,
S'approche du cortège : un regard de douleur
Implore sa pitié dans cette heure néfaste.
Le Sauveur y répond : « Femme, sèche tes pleurs. »
Sa parole et son geste imposent le silence ;
Etonnés, les porteurs demeurent anxieux.
Que peut sur le trépas ce Maître qui s'avance ?
Porte-t-il en ses mains la puissance des Cieux ?
L'instant est solennel. Jésus touche la bière,
Et s'adressant au mort avec autorité :
« Jeune homme, lève-toi. » L'enfant sur sa litière
Voit, se redresse et parle. Il est ressuscité.

VIII. La tempête

« *Jésus s'étant levé commanda au vent et dit à la mer : Silence, calme-toi. Le vent cessa et il se fit un grand calme.* » (1)

C'était le soir. Jésus qu'une dure journée
A brisé de fatigue, attend au bord du Lac.
Il rassemble les siens pour une traversée
Qui l'arrache à la foule et le mène au bivac.
Il monte sur la nef. Dans un doux crépuscule
Le ciel reste serein ; tout invite au repos,
L'air est silencieux, la mer à peine ondule,
Le Maître las s'assied, balancé par les flots.

On manœuvre, on s'éloigne et la petite troupe
Dirige sans effort le fragile vaisseau :
Et Jésus, doucement incliné sur la poupe,
S'endort, comme l'enfant drapé dans son berceau.
Le clapotis du lac au rythme monotone
Caresse son sommeil d'un murmure joyeux,
Et le bleu firmament prépare une couronne
D'étoiles et d'azur pour son front radieux.

______

(1) S. Matth., VIII, 26.

Il dort, et cependant, la barque de l'Eglise
S'en va ; nul ne prend garde au danger des autans.
Qu'est, devant ce trésor, la fortune indécise
Des princes de la terre ou des grands conquérants ?
Jésus dort ; et là-haut, des prochaines collines
S'élance un tourbillon ; l'air en est obscurci,
Les arbres ébranlés jusque dans leurs racines ;
Et la mer en fureur tient la barque à merci.

Maître, vous sommeillez ! Si le navire sombre,
Quels biens seront perdus pour la terre et le Ciel !
L'Evangile périt, et tout rentre dans l'ombre ;
C'est pour l'humanité le chaos éternel.
Les Saints de l'avenir retournent aux abîmes
Avec tous les hérauts, les anges de la paix,
Avec la loi divine et ses sages maximes.
Seigneur, nous périssons ! levez-vous ! commandez !

Or Jésus s'est levé : soudain le Fils de l'homme,
Un moment endormi se montre Fils de Dieu ;
Partout c'est le Seigneur, le Maître qu'il se nomme,
Il règne sur les flots comme en tout autre lieu.
Qu'il est noble, debout sur ce pauvre navire,
De son geste enchaînant les puissances de l'air !
La tempête soumise arrête son délire
Et le calme renaît aux vagues de la mer.

IX. Le fondement de l'Eglise

*« Tu es Pierre, et sur cette pierre
je bâtirai mon Eglise. »* (1)

Jésus de Nazareth grandit en renommée ;
Sa doctrine confond le savoir des Anciens,
Ses prodiges fréquents, sa parole enflammée
Augmentent la ferveur et le nombre. des siens.

Le peuple l'applaudit et partout on publie
Ses sublimes vertus et ses nobles attraits.
Supérieur au Baptiste et plus puissant qu'Elie,
C'est le plus grand Docteur qui soit, qui fut jamais.

---

(1) S. Matth. XVI, 18.

Or, le Seigneur, un jour, s'adressant aux Apôtres :
« Vous me dites comment les Juifs parlent de moi ;
Laissons pour le moment l'opinion des autres,
Et vous-mêmes, sans feinte, affirmez votre foi. »

Simon, parlant au nom de la chrétienne école
Encore à son berceau, place d'un cœur fervent
Sur le front de Jésus la divine auréole ;
« Vous êtes le Messie et Fils du Dieu vivant.

— Heureux fils de Jona, ce n'est pas de la terre
Que ton âme a reçu cet éclair immortel ;
Bénis de ce bienfait mon adorable Père. »
Puis le Christ ajoutait d'un ton plus solennel :

« Ecoute ; désormais tu t'appelleras Pierre :
Il faut à mon Eglise un roc pour fondement ;
Toi-même tu seras cette assise première,
Et contre elle l'Enfer luttera vainement.

Je te promets les clefs du Royaume céleste.
Ouvre donc ici-bas, là-haut on ouvrira ;
Si tu fermes sur terre, à ton souverain geste
Nul ne peut résister, et le Ciel fermera. »

Pouvoirs déconcertants ! mystérieux langage
Qui soumet ce pêcheur à d'écrasants destins
Avec son ignorance et sa foi pour partage !
Le héros est fragile et les projets divins.

L'avenir doit répondre et Dieu seul en dispose ;
Or Pierre se survit ; les siècles ont passé
Sur l'infrangible roc où l'Eglise repose,
Et les assauts du temps ne l'ont pas renversé.

L'Epouse du Sauveur se tient dans la lumière
Qui rayonne sur elle au milieu des autans.
« Sous l'anneau du Pêcheur » le successeur de Pierre
Lie et délie encor après dix neuf cents ans.

Le Dieu Apôtre

I. La douleur

« *Mes jours seront remplis de douleur.* » (1)

C'est la douleur qui veille aux portes de la vie,
Et le vagissement nous révèle au berceau.
L'homme, le corps navré, l'âme souvent meurtrie,
Gravit le dur sentier qui s'arrête au tombeau.
Le temps seconde en vain l'effort de la science,
Il adoucit les mœurs et les pousse au progrès ;
Mais, si son action travaille la souffrance,
Il peut la transformer, la supprimer jamais.

____

(1) Job, XXX, 16.

Tendre et fragile enfant dont la raison s'éveille,
Poursuis naïvement ton rêve et tes désirs ;
Il ne faut à ton âme, aux blanches fleurs pareille,
Que de sourires clairs et d'innocents plaisirs.
Mais l'obstacle t'irrite, empoisonne ta joie,
L'obéissance est dure et provoque tes pleurs ;
Va donc, pauvre mignon, te voilà sur la voie
Où tout mortel chemine au milieu des douleurs.

Le plaisir, il est vrai, se montre avec ses charmes,
Et, puisqu'il faut marcher, il a semé de fleurs
Une route enchantée, où la source des larmes
Doit pour le cœur humain se changer en douceurs ;
Et les hommes s'en vont. Mais quelque jour la brume
Se lève, s'épaissit ; le ciel perd son azur.
La terre est inondée et se couvre d'écume :
Les malheureux sont pris dans le torrent impur.

Le génie, assuré de ses puissantes ailes,
S'élance sans effroi de hauteur en hauteur
Et semble escalader les cimes éternelles ;
Pourtant l'aigle lui-même est sujet du malheur,
Et, quand le demi-dieu poursuit son épopée,
Tandis qu'il se complaît en sa propre grandeur,
La foudre éclate ; il tombe et son aile brisée
Ne peut plus que traîner l'oiseau dans sa douleur.

Les lois et le progrès, l'orgueil et le génie,
L'âge et la volupté demeurent impuissants
Devant les noirs sanglots et la plainte infinie
Qui retentit sans cesse au milieu des vivants.
Rien n'a pu terrasser l'invincible souffrance
Qui maintient sous ses lois les hommes éperdus.
Dans ce combat sans fin, le savoir, l'opulence
Ont essayé leur force et restent confondus.

Le libertin, sentant son immense détresse,
Poussé par sa folie et ses illusions,
Entre sans dignité dans la sombre vieillesse ;
Il n'a pas su dompter de viles passions.
Le temps fuit, et la mort, comme une ombre fatale,
Arrogante s'approche et s'attache à ses pas :
Hideuse fiancée à la voix sépulcrale
Qui prépare pour lui l'horreur de ses appâts.

Ainsi passe la vie ; et dans l'affreux carnage
Tombent confusément les bons et les méchants,
Les hommes sans reproche et ceux dont l'apanage
S'étend de l'égoïsme aux triomphes sanglants.
C'est qu'à travers le siècle, un fleuve de misère
Déferle sans arrêt contre l'humanité
Et roule dans ses flots les monstres de la guerre,
Les larmes et les deuils comme la volupté.

II. Le prix de la douleur

« Bienheureux ceux qui pleurent. » (1)

Nous sommes dans l'exil ; il faut suivre la route,
Mais non pas comme ceux qui vivent sans espoir ;
La révolte est funeste à l'âme qui l'écoute
Et rend plus âpre encor le chemin du devoir.

La douceur au contraire est un baume aux blessures,
Elle entr'ouvre le Ciel et fait les cœurs vaillants.
Plus forte que la mort, méprisant les injures,
Elle apprend aux martyrs à braver les tourments.

La vie est un combat : l'énigme proposée
A la raison humaine est toujours la douleur.
Mais le Christ — et lui seul — l'a nettement tranchée
Par l'amour qui s'immole et conduit au bonheur.

----

(1) S. Luc, VI, 21.

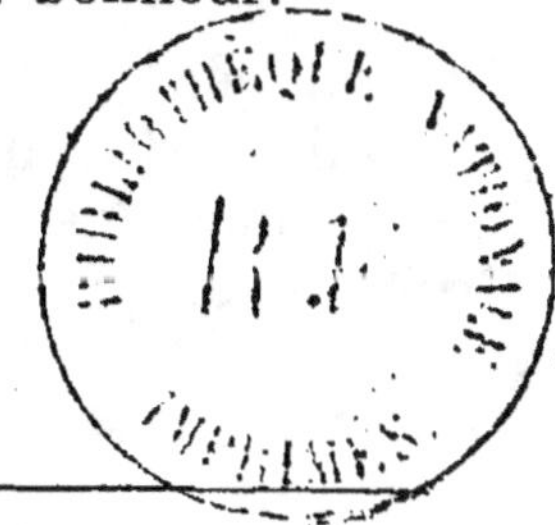

Le plus beau diamant ne vaut pas une idée,
Parce que la matière est moindre que l'esprit ;
Et du génie humain la plus haute pensée
Est peu devant l'amour où Jésus nous conduit.

Or l'homme peut offrir l'aumône à Dieu lui-même,
Sans perles, sans talents, sans métaux précieux,
Avec l'élan du cœur, pourvu que son cœur aime ;
L'amour, c'est la richesse ici-bas comme aux Cieux.

Car l'amour sait donner et se donner soi-même ;
Généreux et fervent jusqu'en adversité,
Il trouve dans la grâce un réconfort suprême
Plus haut que la nature et devient charité.

Pour comprendre le sens de la souffrance humaine,
Il faut tourner les yeux vers le Dieu très clément,
Opposer la bonté, la douceur à la haine,
Sourire à la douleur jusqu'au renoncement.

Il faut songer encore à la miséricorde ;
Car nous avons besoin dans notre abjection
Du pardon que le Ciel au repentir accorde ;
Et la douleur se change en expiation.

La misère, l'exil, les plus dures épreuves
En vain torturent l'âme et comblent son malheur,
Les larmes des élus, fussent-elles des fleuves,
Iront se perdre en Dieu, l'océan du bonheur.

III. Les sanctions

> *« Celui dont la vie est brisée pour*
> *le Christ, en ce monde, la retrouve*
> *dans l'autre. »*

Jésus a célébré la clémence divine,
Afin que l'espérance apaisât nos douleurs.
Mais dans l'iniquité si le méchant s'obstine
Il verra se dresser les châtiments vengeurs ;
Car derrière la tombe apparaît la justice.
« Fauteurs d'impiété, persécuteurs, tyrans,
Riches sans cœur, allez à l'éternel supplice.
Mon Paradis n'est pas le séjour des méchants ! »

(1) S. MARC, VIII, 35.

Et la raison humaine applaudit ce langage,
Ces fermes sanctions, au nom de l'équité.
Eh ! quoi, Dieu serait-il l'être infiniment sage,
S'il confond le mensonge avec la vérité ?
Les pleurs de l'innocent, les labeurs de la vie,
La vertu méprisée et prodiguant ses dons
S'en vont-ils au néant avec l'hypocrisie
L'adultère, le vol, les lâches abandons ?

Le monde est-il en proie à l'effroyable haine,
Au caprice, à la honte, aux procédés brutaux,
Aux docteurs sans scrupule, à la force inhumaine,
Sans que la Providence ait souci de nos maux ?
Le soudard couronné peut-il tirer l'épée,
Frapper, incendier, lancer ses assassins,
Et piétiner joyeux la terre ensanglantée
Sans que Dieu s'intéresse à nos tristes destins ?

Non, non, la guerre impie appelle la vengeance :
Un juge nous attend en son éternité.
Aux assises du monde, il prendra la défense
De la justice en deuil et de la liberté.
Remisez vos canons, envahisseurs féroces,
Dilettantes du sang, égorgeurs brevetés,
Caïns ! il vous regarde en vos gestes atroces,
Et vos hideux exploits là-haut seront comptés !

Le Fils de Dieu l'a dit en évoquant les drames
Du dernier jugement au tribunal divin ·
Allez, allez maudits ! blasphémateurs infâmes,
Ignobles égorgeurs, fange du genre humain,
Ehontés corrompus, corrupteurs tout ensemble,
Jouisseurs sans pitié, fastueux pleins d'orgueil !
Votre Dieu, c'est Satan, l'ange qui vous ressemble :
Vous l'aurez donc pour maître et l'Enfer pour cercueil.

Le crime triomphant garde son arrogance
Avec l'impunité, tant qu'il reste ici-bas ;
La vertu chercherait en vain sa récompense,
Elle qui va pleurant par des sentiers ingrats.
Mais l'au-delà se lève acclamant la justice
Dont le Christ garantit la restauration ;
Aux bons s'ouvre le Ciel pour l'éternel délice,
Pour les impénitents, c'est la damnation.

IV. La pitié du Christ

« *J'ai pitié de la multitude.* » (1)

Le Dieu qui s'est fait homme a connu nos misères :
Sensible à la douleur, il la veut soulager ;
Sa bonté nous envoie au secours de nos frères ;
Aucun homme à ses yeux ne nous est étranger.
Cette pitié du Maître a créé sur la terre
La douce charité que ne connaissait pas
Le cruel paganisme, au regard de vipère,
Rabaissant l'indigent au-dessous des forçats.

(1) S. MARC, VIII, 2.

Le Christ, pour consoler l'âme dans la souffrance,
La soutient dans l'effort contre l'adversité
Et fait luire à ses yeux le rayon d'espérance
Où la terre pâlit devant l'éternité.
Le Seigneur dont l'amour vint embraser le monde
Députe aux affligés l'Ange de la douleur,
Un ange aux yeux mortels, dont le cœur surabonde
En dévouements obscurs et se donne au malheur.

Lorsque le Christ aura dispersé ses apôtres
Et semé l'Evangile au milieu des mortels,
Le mot d'ordre sera : S'aimer les uns les autres
Et changer l'égoïsme en égards fraternels,
Aussitôt germera la semence divine :
La charité rendra les hommes généreux,
Puisque tous sont issus d'une même origine ;
L'aumône adoucira le sort du malheureux.

Les plus déshérités trouveront un asile :
Miséreux, voyageurs qui n'ont ni feu ni lieu
Goûteront la douceur des fruits de l'Evangile
Dans ces cloîtres bénis appelés Hôtels-Dieu.
Païens ou renégats, respectez ce vocable
Qui calme la souffrance, élève les esprits :
La charité c'est Dieu, la bonté secourable
Qui console et refait les cœurs endoloris.

L'espérance et la foi grandissent l'âme humaine,
Et l'humble croix qui veille au sommet du clocher
Verse sur le malheur un peu d'ombre sereine,
Un idéal que rien ne lui peut arracher ;
Autour de l'indigent la charité s'empresse.
Frère, cet affligé le reconnaissez-vous ?
C'est un membre du Christ, secourez sa détresse.
Sans honte vous pourriez le servir à genoux.

C'est la pitié du Christ, homme et Dieu tout ensemble,
Qui détient le remède à des maux acérés ;
Il forme les grands cœurs, les trempe, les rassemble
Au milieu des lépreux ou des pestiférés :
Prêtres, religieux, humbles garde-malades,
Visiteurs de grabats, Filles de Saint-Vincent,
Héros aux noms divers, vos modestes escouades
Ont puisé chez le Christ amour et dévouement.

Ici, c'est une Reine, intrépide servante
Des pauvres et du Christ, cédant son propre lit,
Pour soigner un passant dont chacun s'épouvante :
Il n'a plus que haillons ou lèpre pour habit.
Or le prince, informé de ce geste incroyable,
Accourt et veut savoir si le fait est certain.
Il s'approche et regarde : ô spectacle admirable !
C'est Jésus qui se montre... et disparaît soudain.

Là, c'est un voyageur arrêté sur la route,
Quand l'orage sur lui menace d'éclater.
Déjà la foudre gronde au loin ; mais il écoute :
Quelle est donc cette voix ? Elle semble tinter ;
Une cloche s'ébranle au prochain monastère,
Voix de la charité ! Son appel attendri
Invite l'étranger que la nuit exaspère,
À s'approcher joyeux pour trouver un abri.

Divine Charité, que tes œuvres sont belles !
Tu ranimes le souffle épuisé des vieillards ;
Aux orphelins, privés de douceurs maternelles,
Tu prodigues la joie et de tendres-égards ;
Elles viennent du Ciel les touchantes caresses
Dont ta main réjouit les tout petits enfants ;
Du blessé, tu secours les mortelles détresses
Et Jésus te sourit dans les yeux des mourants.

V. La mort

Apôtre, l'Homme-Dieu va semant le prodige ;
Il enseigne, il guérit, passe en faisant le bien ;
La foule se complaît à son divin prestige,
L'Evangile devient des humbles le soutien.
De ses premiers discours la sublime éloquence
Se tempère souvent d'entretiens familiers
Et de comparaisons qu'il prend dans l'existence
Des simples auditeurs réunis à ses pieds.

----

(1) S. Luc, XII, 20.

Il les rend attentifs par de vives images,
Et dans la parabole, il donne des leçons
Aux hommes ignorants comme au monde des sages :
La vérité pénètre en eux de cent façons.
De ses tableaux prenants l'exquise galerie
Evoque du péché la honte et le remords,
Les fruits du repentir, l'appel de la patrie,
Les terreurs de l'Enfer et le sens de la mort.

« Riche, le trépas vient redemander ton âme » ;
Tu te vautres dans l'or, l'ivresse et le plaisir.
Es-tu donc immortel ? La tombe te réclame ;
Tu jouis, et bientôt c'est l'heure de mourir.
Mais qu'as-tu fait pour Dieu, le juge qui prépare
Aux siens la récompense et la félicité ?
Tu porteras un jour envie à ce Lazare
Dont tu méprises tant la dure pauvreté.

Pour les justes la mort n'est pas la déchéance ;
A l'appel d'un Dieu bon, il est doux d'obéir.
Mais le méchant frémit dans la désespérance,
Sur le bord de l'abîme il cherche à s'étourdir.
Celui qui s'est gorgé de joie et de richesse
Tremble entre la justice et la peur du néant,
Et le voilà soudain dans l'affreuse détresse
Où n'attendant plus rien, il perd tout en mourant.

Le juste, sans frisson, prend son vol vers la rive
Où le Père l'attend dans son éternité.
Car tu délivreras, ô Mort, l'âme captive,
En lui donnant la paix et la félicité.
Notre vie est un âpre et long pélerinage ;
Nous laissons en chemin les rêves les plus beaux ;
Tu frappes nos amis en tous lieux, à tout âge,
Et la route s'achève au milieu des tombeaux.

Ces monuments construits sur une dure pente
Nous rappellent qu'il faut monter, monter toujours ;
C'est une nécropole où la lumière ardente
De la foi, pour les saints, éclaire le parcours.
L'aube du vrai bonheur s'y montre douce et belle,
Et la mort ne fait pas la séparation,
Puisqu'elle nous conduit à la vie éternelle
Où se consomme en Dieu la plus tendre union.

L'âme est indestructible, et la mort qui nous tue
N'ôte rien à l'espoir d'un heureux avenir :
Son glaive déchirant — tout comme la charrue
Qui travaille le sol — ne peut anéantir...
Il laboure, il meurtrit ; et quand vient la saison
Des fertiles douleurs, Dieu jette la semence ;
Le grain pousse et mûrit pour la riche moisson
Où les Anges pourront cueillir dans l'abondance.

VI. L'Enfant prodigue

> « *Je me lèverai et j'irai vers mon père.* » (1)

La justice est en Dieu, mais la bonté déborde,
Et dans cette bonté l'Homme-Dieu se complaît
Jusqu'à répondre au mal par la miséricorde ;
Son amour se dilate et son cœur apparaît
Dans ses touchants appels et sa pitié constante
Envers les égarés qui se sont repentis.
Il souffre les délais d'une inlassable attente
A la porte de l'âme et fait des convertis.

C'est dans un cœur de chair, où l'amour a son trône,
Que vibre humainement la divine bonté,
Que la tendresse règne et la douleur résonne
En réponse aux douleurs de notre humanité.
Le Seigneur voit nos maux ; il guérit, il console ;
Mais sa pitié redouble en face du pécheur,
Et rien n'est plus touchant que cette parabole
Du prodigue sauvé de l'éternel malheur.

______

(1) S. Luc, XV, 18.

Un père avait deux fils et l'un devient prodigue ;
Il fuit avec les biens qu'il s'est fait délivrer,
Sa débauche bientôt ne connaît plus de digue,
Dans l'affreuse misère il commence à sombrer.
C'est le premier tableau d'un émouvant triptyque
Où le pécheur comptant sur ses dons naturels,
De son Dieu se sépare, orgueilleux et sceptique
Et dissipe d'abord ses trésors immortels.

Tendresse, intelligence et bienfaits de la grâce,
Tout roule vers l'abîme où conduit le plaisir ;
Fanfaron de folie en excès il dépasse
Les tristes compagnons qu'il prétend divertir.
Dégradé dans son cœur qu'il traîne sur l'ordure,
Il se trouve réduit à garder les pourceaux
D'un maître dur et fier, qui lui laisse en pâture
Ce qui peut échapper à ces vils animaux.

Dans ce gouffre peuplé de honte et de blasphème
Le prodigue prend peur, mais ne veut pas mourir ;
Il peut se relever de sa misère extrême.
« Mon père est toujours bon, dit-il, je vais partir ! »
Partir, seule ressource et dernière espérance.
« J'irai, je supplierai, s'il le faut, à genoux ;
Je crierai ma douleur, ma vive repentance.
Père, suis-je maudit ? J'ai péché contre vous. »

Là-bas un bon vieillard, matin et soir, regarde
Si son malheureux fils ne reparaîtrait pas.
Un jour il a cru voir, et triste il se hasarde,
Il scrute l'horizon et presse un peu le pas ;
Mais c'est un mendiant, un être misérable !
Un cri s'élève : « Père ! » Il frémit à ce mot
Et répond, anxieux du doute qui l'accable :
« Mon enfant ! » et sa voix se perd dans un sanglot.

Le voici dans mes bras ; mon bonheur est immense ;
Pour lui des vêtements, un anneau précieux,
Sa première splendeur ! Que le festin commence
Et qu'on fête au plus tôt ce jour délicieux.

Le retour d'un prodigue emplit le Ciel de joie ;
Jésus veut nous sauver, c'est son plus cher travail ;
Il n'a pas de repos jusqu'à ce qu'il revoie
La brebis égarée et la rentre au bercail.

Quel appel touchant et sublime
A la détresse de nos cœurs !
Que d'hommes courent à l'abîme,
Au péché, malheur des malheurs !
Dans cet abîme où tout est sombre,
Où l'innocence a disparu
Où la foi même à la fin sombre,
Tout espoir est-il donc perdu ?

Car toujours souffle la tempête
Des passions et de l'Enfer ;
Mais l'effroi succède à la fête ;
Le démon sous un joug de fer
Torture sa pauvre victime ;
Le vaincu reste abandonné,
Râlant sous le fardeau du crime ;
Dieu seul ne l'a point condamné.

Du Ciel une voix douce et tendre
Parle au pécheur de repentir ;
C'est le salut, s'il veut l'entendre
Et s'écrier : « Je vais partir ! »
O prodigue à l'âme avilie,
Tu t'appelles l'humanité
Reviens de ta triste folie
Vers la riante éternité.

Sainte miséricorde et source d'espérance
Pour l'homme que menace un effroyable sort,
Dans la nuit qui toujours sur le pécheur avance,
Comment sans ton secours échapper à la mort ?

Sang du Christ, Sang d'un Dieu, gage de pénitence,
Coule sur les horreurs dont nous allions périr ;
Rends au cœur dégradé la fraîcheur d'innocence
Qui peut tout faire refleurir.

VII. Le Semeur

Un laboureur portant son sac plein de semence
Regarde avec espoir ses travaux commencés ;
Souriant au ciel bleu, gravement il s'avance
Et parcourt les sillons de ses pas cadencés.
Mais le champ n'était pas de tout point favorable,
Il tomba du froment sur un terrain pierreux :
Quand le germe apparut, il était misérable.
Il en resta plus loin dans un coin épineux ;
Les tenaces buissons en poussant l'étouffèrent.
Ailleurs le blé roula sur des sentiers battus
Attirant des oiseaux pillards qui l'emportèrent.

____

(1) S. Luc, VIII, 5.

Ainsi, des grains semés beaucoup furent perdus.
Mais le reste tomba dans une bonne terre :
Les germes vigoureux devinrent des épis
Pleins de froment doré, demain pain salutaire,
Qui conserve la vie aux grands comme aux petits.

Méditez cette parabole :
C'est Dieu, Maître plein de douceur,
Qui sème dans les champs du cœur
La sanctifiante *parole*.

Tombant sur une âme frivole
— Tel le blé sur un fonds pierreux —
Loin de porter des fruits heureux,
Elle languit et s'étiole.

Tout meurt au milieu des épines ;
Or l'égoïsme et le plaisir
Sont des buissons qui font mourir
Les meilleures grâces divines.

En vain sème la Providence,
Si l'on ouvre à l'esprit malin.
Comme l'oiseau sur le chemin,
Il pille la chère semence.

Le froment dans la bonne terre,
C'est la grâce des cœurs fervents ;
A l'abri des coups décevants,
Elle fleurit, saine et prospère.

VIII. L'Econome infidèle

« Le royaume de Dieu est semblable
à un prince qui entre en compte
avec ses serviteurs. » (1)

Si vous voulez que Dieu vous soit un jour propice,
Malgré votre faiblesse et vos nombreux péchés,
Ne vous contentez pas d'observer la justice
Et les commandements que les Juifs ont prêchés.

Il fut dit autrefois dans la loi de Moïse :
« OEil pour œil, dent pour dent », mais votre charité
Doit s'élever plus haut ! il faut dans mon Eglise
Des hommes pratiquant la parfaite bonté.

---

(1) S. Matth. XVIII, 23.

Et vous devez surtout avoir pour vos semblables
Cet amour généreux qui va jusqu'au pardon,
Faire grâce à la haine, aux propos détestables,
Aux crimes imputés contre toute raison.

Vous saurez oublier la plus cruelle offense
Du fond de votre cœur, une première fois,
Et dix fois, et toujours, pour que votre clémence
Oppose à vos péchés un juste contrepoids.

Au Royaume des Cieux la bonté méritoire
Est celle qui s'adresse aux haineux endurcis ;
Et vous remporterez la plus belle victoire
En vainquant par l'amour vos pires ennemis.

Aimez votre prochain ; couvrez de vos prières
Ceux qui se sont montrés perfides envers vous ;
Dieu vous délivrera de vos propres misères
Et vous apaiserez sa justice en courroux.

Refuser le pardon c'est se perdre soi-même.
Ce malheur fut celui d'un ministre exacteur
Que son prince honorait de confiance extrême
Et qui devint ingrat envers son bienfaiteur.

Appelé par son maître, il avoue une dette
S'élevant, somme énorme, à dix mille talents.
Le voilà menacé de disgrâce complète,
Et la prison l'attend avec d'autres tourments.

Les ordres sont donnés. Lui s'affole et supplie
Qu'on ait pitié des siens, de ses pauvres enfants ;
Et le maître touché, malgré tant d'infamie,
Fait grâce de la peine et même des talents.

Mais dès qu'il est sorti, cet intendant perfide
Rencontre un serviteur qui lui doit simplement
Quelques méchants deniers. Cruel autant qu'avide
Il exige son dû sans nul ménagement.

Le débiteur tremblant ne peut le satisfaire ;
Il demande un délai, se jette à ses genoux.
C'est en vain. L'intendant saisit le pauvre hère
Et le fait aussitôt mettre sous les verrous.

Les autres serviteurs ont vu la scène infâme ;
Et le prince averti fait venir l'intendant :
« Misérable, dit-il, égoïste sans âme,
Tu venais d'implorer ma clémence à l'instant.

Moi je te remettais une dette effrayante ;
Je t'avais épargné les plus durs châtiments,
Et, devant ta douleur, ta prière touchante,
Je t'ai rendu tes biens, ta femme et tes enfants.

Or, ne devais-tu pas faire grâce à ton frère,
Moins coupable sans doute et plus pauvre que toi ?
Cruel, tu n'as pas eu pitié de sa misère,
Tu viens de le livrer aux rigueurs de la loi.

Eh ! bien, tu solderas ta dette avec usure ;
Dans les sombres cachots tu gémiras longtemps ;
Qu'on mène ce bandit, bourreaux, à la torture,
Pour son ingratitude et ses détournements ! »

Malheur à vous, pécheurs, endurcis dans la haine,
Vous devrez méditer cette grave leçon,
Ou vous saurez un jour, dans l'éternelle peine,
Ce qu'est aux yeux de Dieu le refus du pardon.

IX. Le bon Samaritain

« Maître, quel est mon prochain ? » (1).

Un docteur d'Israël interrogeait le Maître :
« Que faut-il observer pour faire son salut ? »
Et Jésus lui répond : « Tu me sembles connaître
Le texte de la Loi ; quel en est le début ?
— Aimez Dieu le Seigneur et de toute votre âme ;
A l'égal de vous-même aimez votre prochain.
— Fort bien ; observe donc ce que la Loi réclame,
Et tu pourras atteindre au bonheur souverain.
— Mais quel est mon prochain ? demande l'hypocrite
Qui méditait la Loi d'une étrange façon.
Puisqu'il n'a pas compris le texte qu'il récite,
Jésus va lui donner une claire leçon.

------

(1) S. Luc, X, 29.

Un homme, certain jour, s'en allant sur la route
Qui de Jérusalem conduit à Jéricho,
Fut pris par des voleurs embusqués à l'écoute,
Blessé, puis laissé là pour mourir sans écho.
Par cet endroit fatal vint à passer un prêtre,
Vrai Juif, indifférent au sort d'un étranger ;
Un lévite à son tour s'éloigne du pauvre être
Qu'il voyait dans l'angoisse et pouvait soulager.
Un autre voyageur s'arrête, et considère
Ce blessé qu'un malheur a mis sur son chemin :
Il l'oint d'huile très pure et le secourt en frère.
Ce passant charitable était Samaritain :
Il prend sur son cheval la pauvre loque humaine
Qu'il porte sans tarder au plus proche logis.
« Gardez, dit-il, cet homme, un jour, une semaine ;
Je paierai pour vos soins ce qui sera requis. »

Eh ! bien, lequel des trois : le Lévite, le Prêtre
Ou le Samaritain, dit Jésus au docteur,
A rempli son devoir ? Tu dois le reconnaître
Par sa seule conduite à l'égard du malheur. »
Et le pharisien : « Dans sa misère extrême
Soulager un mourant, c'est l'honneur du prochain.
— Parfait, reprit Jésus, et l'évidence même
T'oblige d'imiter ce bon Samaritain. »

Le Seigneur donne encore une leçon plus haute
En prêchant la pitié devant ses ennemis.
Il nous présente Adam, dégradé par sa faute,
Qui clame sa détresse au Rédempteur promis.

Toute l'humanité gît, sanglante et meurtrie,
Jusqu'au jour où paraît le vrai Samaritain ;
Et c'est vous, ô Jésus, qui l'avez recueillie
Mourante et délaissée au bord du grand chemin.

Mais quel événement ! quelle touchante histoire
Que celle du Seigneur voyageant parmi nous,
Dans les tristes cités et les sentiers sans gloire
Où les anges mauvais se donnaient rendez-vous.

Le monde allait périr. Les prêtres, les lévites
Passent indifférents près de ce moribond.
Pasteurs dénaturés, enflés de leurs mérites,
Ils regardent à peine et, sans remords, s'en vont.

Du séjour éternel le Verbe prend sa course
Conduit par sa bonté pour la race d'Adam :
Le péché, de malheurs intarissable source,
Accable les mortels rivés à son carcan.
D'un geste souverain il saisit le manteau
De leur humanité, partage leur détresse
Et prend jusqu'aux douleurs qui mènent au tombeau,
Pour rendre à ces déchus la divine tendresse.

Et l'Homme-Dieu paraît dans sa grâce touchante ;
Il prodigue aux humains l'huile de la douceur,
Met le baume et le vin d'une main caressante,
Secourt toute misère ; il est le Bon Sauveur.
Son zèle est sans arrêt : qu'il retourne au bercail
Ou qu'il porte ses pas vers une hôtellerie,
C'est toujours un abri fondé par son travail
Qu'il nous offre, et c'est là que la lèpre est guérie.

L'Eglise maternelle, ouvrant à tous son sein,
Garde les hommes purs loin des crimes du monde.
Il paya de son Sang le bon Samaritain
Cette hospitalité généreuse et féconde.

X. La Samaritaine

> « *Si tu savais le don de Dieu et*
> *quel est Celui qui te dit : Donne-*
> *moi à boire ! »* (1)

Le Seigneur voyageait devers la Galilée,
Et la route passait chez les Samaritains.
La ville de Sichem se trouvant à portée,
Les disciples s'en vont y chercher quelques pains.
C'est le milieu du jour, la chaleur est cruelle,
Et Jésus regardant les tamarins ombreux,
S'approche, et, fatigué, s'assied sur la margelle
D'un puits fait par Jacob et demeuré fameux.

---

(1) S. Jean, IV, 10, 12.

En face du Sauveur s'étend le paysage
Qui rappelait encor les gloires d'Ephraïm
Et celles de Sichem, séculaire apanage
Des enfants de Joseph avec le Garizim.
C'est là que les tribus jurèrent anathème
Aux autels des Gentils, à leurs rois conjurés,
Pour servir à jamais Jéhovah, Dieu suprême,
Dans les riches pays qu'il leur avait livrés.

Jésus dut contempler dans l'amère tristesse
Cet Israël déchu de sa vieille splendeur,
Ce royaume infidèle à la sainte promesse
Et méprisant les lois qui faisaient sa grandeur.
Dans ces champs où les Juifs célébraient leurs assises,
Des ennemis sans nombre ont pu tout ravager ;
Le pays a perdu ses plus nobles franchises
Sous des princes obscurs, vassaux de l'étranger.

Le soleil rayonnait surplombant les collines,
Et Jésus s'attardait au lointain souvenir
Pour déplorer le sort des peuplades voisines
Où tant de malheureux étaient à convertir.
Une femme paraît : c'est la Samaritaine,
Vulgaire pécheresse, au renom immortel
Depuis qu'elle a compris la parole sereine
Du Christ et s'est rendue à son divin appel.

« J'ai soif, dit le Sauveur, en rompant le silence,
Donne-moi donc à boire. — Eh ! n'êtes-vous pas Juif ?
Le Juif nous est hostile et fuit notre présence.
— De ce faux préjugé je ne suis point captif.
Pauvre, si tu savais qui possède l'eau vive,
C'est toi qui me prierais de te désaltérer.
Car il faut que ton âme à Dieu vienne et revive
Par l'eau que seul le Christ pourra te procurer.

— Seigneur, vous n'avez rien pour atteindre la source,
Laissez-moi prendre l'eau, car le puits est profond.
Vous pourrez boire à l'aise après la longue course
Qui vous enfièvre encor et brûle votre front.
— Ah ! si tu connaissais le Maître qui t'appelle
Si tu savais le don qu'il prépare aux humains,
Tu me demanderais pour la vie éternelle,
La boisson qui jaillit en glorieux destins.

— Si l'eau que vous avez pour toujours désaltère,
Donnez, je n'aurai plus la peine d'en puiser. »
Jésus veut arracher cette âme à la misère :
« Appelle ton époux, dit-il, va le chercher.
— Hélas ! je n'en ai point. — Ta réponse est discrète. »
Et Lui, sans dureté, montre qu'il savait tout ;
Il s'arrête. — « Oh ! Seigneur, vous êtes un prophète ;
La nuit est dans mon cœur, elle me suit partout.

Le Christ vient, je le sais. Puisqu'il est le Messie,
Il nous enseignera qui, de Jérusalem
Ou du mont Garizim, est dans l'apostasie.
Nous croyons au vrai Dieu, nous, enfants de Sichem.
— O femme, l'heure approche, elle est déjà venue,
Où vous adorerez le Père en vérité,
Et partout brillera la doctrine inconnue
De Celui qui te parle en sa divinité. »

La foi naît en cette âme avec le repentir
Et l'humble pécheresse émue à ce langage,
Dès qu'elle entre à Sichem se met à discourir.
« Venez entendre ici, dans notre voisinage,
Un Voyant qui m'a dit ma vie et mes péchés ;
Son regard est divin, sa bonté m'a ravie,
Sa douceur à chacun donne un facile accès :
Il est beau comme un Dieu. Venez, c'est le Messie ! »

Or les gens de Sichem sortirent de la ville
En traversant la plaine avec leurs manteaux blancs,
Telle une moisson mûre, ondoyante et mobile
Qui présente à la faux ses longs épis tremblants.
Cette comparaison vient à l'esprit du Maître :
Les disciples sont là. Jésus parle pour eux.
« C'est la grande moisson qui commence à paraître,
Les ouvriers, hélas ! sont encor peu nombreux. »

XI. La moisson des âmes

A Sa Grandeur
Monseigneur LE ROY, archevêque de Carie,
supérieur général de la Congrégation du St-Esprit

> *« Jésus fut touché de compassion...*
> *et dit : La moisson est immense et*
> *les ouvriers peu nombreux. »* (1)

Figure de Jésus, l'immortel Jérémie
Sur sa lyre pleurait, en larmes de génie,
    La faim cruelle des enfants :
Ils demandaient du pain à d'impuissantes mères
Qui ne pouvaient répondre à de telles misères
    Qu'en partageant leurs longs tourments.

---

(1) S. Luc, X, 2.

Etres infortunés ! Vaincus par la famine,
Ils tombaient sans retour, lamentable ruine,
        Sur les places, dans les chemins.
Leurs cadavres raidis, privés de sépulture,
Disaient aux survivants la suprême torture
        Qui consommerait leurs destins.

Or, dans le plan divin, il faut que des Apôtres,
Pour le salut du monde, aillent porter aux autres,
        Comme eux enfants de Jésus-Christ,
La foi, les sacrements et les choses divines,
Sans lesquels on connaît la pire des famines,
        Celle du cœur et de l'esprit.

De tous côtés, hélas ! des peuples par centaines
Sur les plages, les monts, dans les îles lointaines
        Sont voués au plus triste sort.
Ils ignorent le Ciel et Celui qui se nomme
L'Eternel, le Dieu bon, le Créateur de l'homme,
        Dans l'ombre où les guette la mort.

Volez à leur secours, ouvriers de la grâce,
Travailleurs généreux, semeurs que rien ne lasse,
        Jetez dans ces champs le bon grain.
Sous le regard de Dieu, qu'il germe, qu'il grandisse,
Et que le Sang du Christ lui demeure propice
        Pour le salut du genre humain.

De beaux épis naîtront, et la moisson fertile
Exhalera, bercée au vent de l'Evangile,
    Le doux parfum de la ferveur ;
Les envoyés de Dieu cueilleront à mains pleines
Les manipules lourds dans ces riches domaines
    Prédestinés par le Sauveur.

« Allez », disait Jésus ; cette moisson des âmes
Convient à des héros que consument les flammes
    D'un amour et d'un zèle ardent.
Mais ils sont peu nombreux et la tâche est immense :
Malgré leur dévouement, malgré l'effort intense,
    Le grain perdu reste abondant.

La famine persiste, et des spectres sans nombre
Interrogent en vain le Ciel toujours plus sombre,
    Avec la pâleur de la faim.
Ils ne soupçonnent pas ce qu'est leur indigence ;
Ont-ils même songé, dans leur vague souffrance,
    Que le cœur a besoin de pain ?

La nuit s'étend sur eux et l'erreur les enchaîne ;
Ils ne trouveront pas le chemin qui ramène
    Les hommes vers leur Créateur,
Et la mort sans pitié les prend, s'envole et passe,
Avant qu'aucune main ait apporté la grâce
    Qui les conduirait au bonheur.

Pourtant le sang du Christ, mourant sur le Calvaire,
Et le sang des martyrs ont abreuvé la terre
    Depuis dix-neuf cents ans !
C'est un fleuve d'amour dont les ondes sacrées
Roulent, de notre monde aux plaines étoilées,
    A travers l'espace et les temps.

Fleuve doux et puissant de lumière et de vie,
Source du saint Baptême et de l'Eucharistie
    Qu'alimente le Sacré-Cœur,
Quand féconderez-vous les stériles contrées
Où gémissent encor des âmes éplorées,
    Ignorant le nom du Seigneur ?

Envoyez, ô Dieu bon, — l'Eglise vous en prie, —
Des apôtres zélés qui montrent la patrie
    A nos frères abandonnés.
Qu'ils prodignent la paix, ces conquérants sans armes,
Et qu'ils donnent du pain, en essuyant leurs larmes,
    A tant d'orphelins affamés.

XII. Marie de Magdala

> « *Beaucoup de péchés lui sont remis, parce qu'elle a beaucoup aimé.* » (1)

L'histoire du Seigneur dans son sillage entraîne
Des types de grandeur, d'amour, de pureté.
Telle dans l'Evangile apparaît Madeleine
Qui monte des bas fonds jusqu'à la sainteté.
Merveille de beauté, fière de ses scandales
Et de ses vains succès, elle allait sans pudeur
Poursuivant du péché les descentes fatales,
Lorsque tomba sur elle un regard du Sauveur.

____

(1) S. Luc, VII, 47.

Sublime chasteté, séduite par tes charmes,
Madeleine conçoit l'héroïque dessein
De réprimer ses sens, pour laver dans les larmes
Le pauvre cœur souillé qui battait dans son sein.
Honteuse de sa vie, et comme terrassée
Par la grâce divine, elle s'arme d'abord
De généreuse ardeur, et nourrit la pensée
D'implorer le pardon de Dieu jusqu'à la mort.

Malgré l'abaissement et malgré la souillure,
Sur la drachme perdue il reste un trait divin ;
Il n'est péché, ni fange où la main toujours pure
Du Seigneur n'ait passé pour reprendre son bien.
Il entrera partout où sa pitié sereine
Attend un peu d'amour avec le repentir ;
Il va, pour délivrer une âme de sa chaîne,
Au devant de sa honte et sait la convertir.

C'est ainsi que Jésus s'assied, sans répugnance,
Chez un pharisien dont il est l'invité.
Qu'importe la maison ? Son auguste présence
Pourra mettre la paix dans un cœur tourmenté.
Au milieu du repas apparaît Madeleine ;
Elle porte en sa main un vase de parfums
Et s'approche du Christ. C'est l'amour qui l'entraîne
Et lui fait dédaigner les regards importuns.

Un malaise aussitôt pèse sur l'assistance.
Mais l'humble pénitente est tombée à genoux ;
Sur les pieds de Jésus coulent en abondance
Aromates et pleurs. Simon entre en courroux,
S'indigne du contraste entre la pécheresse
Et Celui dont il sait la haute dignité ;
Ces larmes, ces parfums, cette folle largesse
Pour lui ne seraient pas exempts d'impureté.

Et le pharisien se répète à lui-même :
« Il souffre cette femme et ses présents souillés ! »
Tandis que Madeleine en sa ferveur extrême
Presse ses longs cheveux, comme elle humiliés,
Sur les pieds du Seigneur qu'elle aime et qu'elle adore.
Voyant ce repentir, Jésus dit à Simon :
« Le Royaume des Cieux, que ta faiblesse ignore,
Ne t'a pas révélé la beauté du pardon.

Contemple la douleur de cette pécheresse
Implorant pour son cœur flétri la guérison ;
Ne pourrais-je donc pas consoler sa détresse ?
Grande est sa confiance, et c'est avec raison
Qu'elle joint le tribut de l'amour à ses larmes.
— Femme, au regard de Dieu, ta force et tes attraits
Sont dans ta charité, ta foi, divines armes
Qui forcent le pardon. Lève-toi, sois en paix. »

Et la céleste paix habite dans cette âme.
Madeleine s'en va ; mais son cœur pour toujours
Restera le foyer de la plus vive flamme
Que puissent allumer d'éternelles amours.
Elle emporte un trésor ; c'est celui de la grâce.
Mêlée aux serviteurs du Christ les plus aimés
Et fidèle à son culte, elle suivra la trace
De ces pieds que jadis elle avait parfumés.

Lorsque viendront les jours de la triste semaine
Qui verra consommer les destins du Seigneur,
A Béthanie encor paraîtra Madeleine
Renouvelant l'hommage à son Maître et Sauveur.
Elle fera couler d'un albâtre fragile
Ses précieux parfums comme sur un autel ;
Et son nom, par le Christ, gravé dans l'Evangile,
Pour les siècles futurs y demeure immortel.

Les Juifs ont déchaîné la fureur populaire,
Et les autres ont fui dans le doute et la peur.
Humble, mais intrépide, elle monte au Calvaire,
Ne voyant que son Dieu, n'écoutant que son cœur.
Chaque insulte des Juifs retentit dans son âme
Et les clous de la Croix semblent broyer ses mains ;
La fièvre du Martyr met en elle une flamme
Qu'attisent les rigueurs de bourreaux inhumains.

Lorsque près de mourir le doux Sauveur s'écrie :
« Mon Dieu, mon Dieu, pourquoi m'avoir abandonné ! »
Madeleine ressent l'effroi de l'agonie
Et le poids du trépas tient son cœur opprimé.
Un sombre désespoir la couvre de son aile,
Le vide affreux la prend dans un deuil sans retour,
Il est mort ! tout s'éteint, tout s'effondre autour d'elle,
Seul brille le flambeau d'un invincible amour.

C'est ce flambeau divin et cette flamme ardente
Qui restent désormais à son cœur attristé ;
Sur la terre d'exil l'illustre pénitente
N'aura pas d'autre bien, d'autre félicité.
David avait chanté sa longue repentance
En prophète inspiré qu'enivre la douleur ;
Madeleine a gémi, dans un morne silence,
Le poème d'amour qu'ont parfumé ses pleurs.

XIII. La femme adultère

> « *Moi non plus, je ne te condam-*
> *nerai pas. Va, et désormais ne pèche*
> *plus.* » (1)

Jésus avait pitié de l'âme repentie ;
Surtout il fut clément pour le faible pécheur
Qui ne se farde point de vile hypocrisie.
Les Juifs crurent, un jour, surprendre le Sauveur
Dans le cas monstrueux d'une femme adultère :
Un pardon trop facile entamerait les lois,
Et, si le Christ rendait un jugement sévère,
Il abdiquait, sans plus, sa bonté d'autrefois.

Car la loi punissait par des peines atroces
Une immoralité si contraire à l'honneur :
La coupable, livrée à des témoins féroces,
Expirait sous les coups du châtiment vengeur.

---

(1) S. Jean, VIII, 11.

Or Jésus se taisait ; et l'épouse infidèle
Attendait en tremblant sa condamnation,
Pendant que les docteurs, en pose solennelle,
Escomptaient les profits d'une absolution.
Le Maître, s'inclinant, écrivait sur la terre ;
On eût dit qu'il voulait esquiver le combat,
Et les Juifs enhardis, montrant leurs phylactères,
Exigeaient la réponse à ce problème ingrat.
« J'entends, leur dit Jésus, que la première pierre
Soit remise à celui qui n'a point de péchés. »

De rechef il s'incline, écrit à sa manière,
Laissant lire aux docteurs les mots qu'il a tracés.
Or c'étaient les exploits des Scribes hypocrites
Qui, portant sur le bras les textes de la loi,
Prétendaient en avoir les glorieux mérites
Et dans leurs tristes mœurs l'enfreignaient sans émoi.

Assagis à l'instant et réduits au silence,
Ils se sont regardés avec étonnement
Et, suivant les conseils de la simple prudence,
Honteux, humiliés, ils sortent promptement.
Alors Jésus s'adresse à la femme coupable :
« Les voilà donc partis, ces plaideurs résolus !
T'avaient-ils condamnée, épouse déplorable ?
Non, Seigneur, répond-elle. — Eh ! bien, va ; moi non
Vis dans le repentir, abjure ta misère. »   [plus.
Et la femme à genoux, des larmes plein les yeux,
Ayant lu les grands noms écrits sur la poussière,
Relève avec espoir son regard vers les Cieux.

XIV. L'obstacle au pardon

> *« Celui qui s'exalte sera humilié,*
> *et celui qui s'humilie sera exalté. »* (1)

Près de l'Autel priait un scribe d'Israël ;
Pharisien superbe et drapé dans ses franges,
Il semblait du regard escalader le Ciel
Et se mêler sans crainte aux hommages des Anges.

Bien loin derrière lui, s'arrête un publicain
Le front bas, recueilli, des larmes aux paupières ;
Sa mine fait contraste avec le ton hautain
Et les airs dégagés du docteur en prières.

---

(1) S. Luc, XVIII, 14.

« Vous le savez, Seigneur, dit le pharisien,
Je jeûne assidûment deux fois chaque semaine
Et j'ai toujours versé la dîme de mon bien.
Pour d'autres l'injustice est une bonne aubaine :

Ils sont pour la plupart impurs et ravisseurs,
Comme ce financier dont la seule présence
En ce lieu vénérable, avec de telles mœurs,
Est pour vous une injure, une nouvelle offense. »

Le publicain, tout bas, confessait au Seigneur
Ses fautes sans détour, implorant la clémence
De Celui qui pardonne au cri de la douleur,
Et ses pleurs traduisaient son humble repentance.

« Ce pénitent sincère, enseigne le Sauveur,
S'en retourna chez lui l'âme purifiée,
Et l'autre remporta le péché dans son cœur.
La superbe, par Dieu, doit être humiliée. »

XV. Le Scandale

Vous ternissez ce qui dans l'homme est pur et beau,
Scandaleux dont la vie est une trame infâme ;
Vous jetez la splendeur de la vie au tombeau,
Profanateurs des lys et fossoyeurs de l'âme :
Le crime est dans vos mains, la souillure vous plaît ;
Vous ne rougissez pas de la sinistre honte
Qui s'attache à vos mœurs ; mais de vos cœurs mauvais
    La fange dans vos yeux remonte.

---

(1) S. Matth. XVIII, 7.

Vous incarnez le mal ; Satan vous a gagés.
De blasphèmes hideux, de carnages obscènes,
De révoltants propos vous vous êtes gorgés :
Vous pourriez respirer dans l'antre des hyènes.
Dès que vous approchez, c'est pour tout déflorer ;
Rien n'est sacré pour vous, ni la foi, ni l'enfance ;
Votre plaisir suprême est de déshonorer
      L'âme et le corps dans l'innocence.

Mais Dieu sait la grandeur de vos iniquités ;
Par lui le châtiment égalera les crimes.
« Il vaudrait mieux pour vous subir les cruautés
D'une mort effroyable et descendre aux abîmes
Que de porter au mal les simples, les petits.
Car les Anges gardiens dénoncent vos scandales
Au Juge souverain qui frappe les maudits
      Pour leurs malices infernales. »

XVI. Les Pharisiens

I

« Ils choisissent les places d'hon-
neur dans les festins. » (1)

Sitôt qu'il entre en un festin,
Le pharisien se prélasse ;
Il regarde comme certain
Qu'on lui doit la première place.

Survient le Maître de céans,
Qui l'observait à l'arrivée ;
« Prenez, dit-il, un autre rang,
Car cette place est réservée. »

(1) S. Matth., XXIII, 6.

Le docteur, honteux et confus,
Recule avec son phylactère,
Et prend la mine d'un intrus
Econduit de façon sévère.

N'imitez pas ces orgueilleux,
Disait Jésus. Il faut apprendre
Que les honneurs sont périlleux,
Surtout quand on ose y prétendre.

Vers le bas attendez plutôt
Que le Maître vienne et vous dise :
« Ami, montez un peu plus haut,
Et n'en ayez nulle surprise. »

L'humilité craint les grandeurs ;
Pour l'élever, Dieu vient la prendre.
L'orgueil se plaît dans les hauteurs
Et souvent on l'en fait descendre.

II. — LES PHARISIENS

> « *Faites ce qu'ils ordonnent, mais
> ne les imitez pas.* » (1)

Le Christ avait longtemps souffert la jalousie
Des maîtres d'Israël ; mais leur hypocrisie
Donnait le change au peuple et le scandalisait.
Or Jésus, arrachant le masque, s'écriait :
Vous liez des fardeaux pesants, insupportables,
Sur le dos des humains ; eux s'en vont misérables,
Vous ne les aidez pas, même du bout du doigt ;
Prescrire et ne rien faire, est-ce donc votre droit ?

(1) S. Matth., XXIII, 3.

Vous étalez la frange et le long phylactère ;
Votre maintien paraît imposant, même austère.
Il vous faut des saluts ; c'est *Rabbis* qu'on vous nomme.
Mais votre seul désir est de tromper les hommes,
Ou si vous leur prêchez la loi du décalogue
C'est encor pour poser devant la Synagogue ;
Or, moi je vous le dis, le plus grand d'entre vous
N'est en réalité qu'un serviteur de tous.

Bientôt avec la véhémence
Qui convient au justicier,
Jésus démasque l'insolence
Dont les Scribes faisaient métier.
Lui, la bonté, la douceur même,
Outré de leur mauvaise foi,
Finit par lancer l'anathème
A ces faux docteurs de la Loi.

III. — LES PHARISIENS

> « *Malheur à vous, scribes et pha-*
> *risiens hypocrites.* » (1)

Scribes, malheur à vous, vos maximes sont faites,
Pour fausser le chemin suivi par les aïeux ;
Vous servez les calculs de méchants interprètes,
Et vous fermez aux bons le royaume des Cieux.

Hypocrites, cruels, vous écrasez la veuve,
Et vous vous prosternez en longues oraisons ;
Les humbles sont soumis par vous à mainte épreuve ;
Vos semblants de pitié couvrent des trahisons.

Maudits, à la vertu vous avez fait faillite,
Vous cherchez des suppôts avec un soin jaloux,
Et vous iriez bien loin pour faire un prosélyte
Digne de la géhenne et plus mauvais que vous.

____

(1) S. Matth., III, 18.

Aveugles, vous donnez au peuple un triste exemple.
Pour vous, jurer par l'or que contient le saint lieu
Est un serment sacré ; mais jurer par le temple,
Ce n'est rien. L'or vaut plus que la maison de Dieu.

Vous propagez le mal sous les yeux de mon Père,
Il ne voit en vos cœurs que coupables desseins ;
Honte à vos procédés, engeance de vipère !
Par vous tout est souillé, même le Saint des Saints.

Scribes, malheur à vous ! car j'ai sondé vos âmes ;
Des préceptes divins je vous vois affranchis ;
Vous soignez le dehors, et d'affreux amalgames
Au dedans font de vous des sépulcres blanchis.

Hypocrites sans foi, quelle est votre justice ?
Par peur d'un moucheron, vous purifiez l'eau ;
Mais le fond de vos cœurs est rempli d'immondice
Et votre conscience absorbe le chameau.

Scribes, vous bâtissez des tombeaux aux prophètes
Que vos pères jadis ont conduits à la mort ;
Ils ont versé le sang ; leur œuvre est incomplète,
Mais vous l'achèverez, et tuerez sans remords.

Ainsi depuis Abel jusqu'à ce Zacharie
Qui fut près de l'autel lâchement poignardé,
Tout le sang, répandu par votre haine impie,
A vos fils dès demain sera redemandé.

XVII. Les assises du monde

Un jour le Fils de l'homme, escorté par les Anges,
Descendra pour juger les mortels réunis.
Les justes radieux, les méchants sous leurs fanges,
Frémiront comme au vent les vastes champs d'épis.

Jésus-Christ du bon grain va séparer l'ivraie ;
Les boucs passent à gauche, à droite les brebis.
Sur l'univers tremblant la trompette sacrée
Eclate et se propage en échos infinis.

____

(1) S. MATTH. XXVI, 64.

Le bruit du formidable airain
Franchit les monts et les frontières ;
Et les tombeaux des cimetières
S'ouvrent à l'appel souverain.

La mort ne voit plus les néants
Qu'elle gardait, aux champs funèbres,
Dont le Ciel chasse les ténèbres
Sur le passage des vivants.

L'Homme-Dieu doit fixer l'irrévocable sort
Des humains rassemblés sous ses divins auspices :
Pour chacun c'est la vie ou l'éternelle mort ;
Peuples, inclinez-vous : c'est l'heure des justices.

Le Christ prononcera, se tournant vers les bons :
« Mon royaume est à vous : dans un monde éphémère
Vous avez de l'amour pratiqué les leçons.
Venez, venez à moi, les bénis de mon Père.

Quand j'étais malheureux, vous m'avez secouru ;
Sur mon chemin, chez vous je trouvais un asile ;
J'ai mangé votre pain et vous m'avez vêtu.
Je reconnais en vous les fils de l'Evangile. »

Les justes étonnés répondront : « Mais, Seigneur,
Quand donc avons-nous pris soin de votre détresse ?
Vous secourir, mon Dieu ! Jamais pareil honneur
N'a pu jusqu'à ce point grandir notre bassesse.

— Mais le pauvre, c'est moi ; le passant affamé,
Le voyageur meurtri qui tombe sur la voie,
L'enfant, qui va périr et par vous ranimé,
Quiconque du malheur est devenu la proie ;

Tous ces infortunés sont les membres souffrants
De Celui qui vécut indigent sur la terre ;
En leur faisant du bien, frères compatissants,
Vous avez de Dieu même adouci la misère. »

Et de l'autre côté, s'adressant aux méchants :
« Eloignez-vous de moi. Votre vile existence
A méprisé du Ciel les saints commandements,
Et vous voilà maudits dans votre impénitence.

Vous n'eûtes nul égard à mes pressants besoins ;
Vous m'avez refusé du pain dans ma faiblesse.
Des maux les plus cruels vous fûtes les témoins
Sans vouloir interrompre un instant votre ivresse.

Lazare gémissant au seuil de vos palais,
Le lépreux sans refuge et séparé du monde,
Le vieillard qui se traîne accablé sous le faix,
La veuve déplorant sa détresse profonde,

En vain firent appel à votre charité :
Quand vous avez ainsi méprisé leur souffrance,
C'est sur moi que tomba votre inhumanité.
Vous fûtes sans amour ; soyez sans espérance. »

Du Thabor au Calvaire

1. Sur le Thabor

« Il fut transfiguré devant eux et sa face resplendit comme le soleil. » (1)

Il fut dit à Simon : « Tu t'appelleras Pierre.
Je veux pour mon Eglise un premier fondement ;
C'est toi qui soutiendras la masse tout entière,
Rien ne pourra briser ce divin monument. »

Mais le drapeau du Christ est la croix douloureuse
Et tout fidèle doit le porter ici-bas.
Le royaume appartient à l'âme courageuse,
Et Jésus ajoutait : « Ne vous étonnez pas,

Les prêtres, les anciens, la cité criminelle
Conjurés par l'Enfer me feront arrêter.
Pourtant, n'en doutez pas, ma parole est fidèle,
Je ne mourrai par eux que pour ressusciter.

---

(1) S. Matth., XVII, 2.

Trois disciples choisis gravissent la montagne
A quelques jours de là. Leur cœur reste dolent
Des derniers entretiens ; Jésus les accompagne.
Naguère il a parlé de son trépas sanglant :
Il doit à ces brebis rendre un peu de courage
Et raffermir leur foi par un signe des cieux.
Puissant autant que bon, le Maître leur ménage
Un saisissant tableau pour le cœur et les yeux.
Il veut leur présenter la splendeur du royaume
Où l'âme entre, après lui, par l'amour de la Croix,
Et les mettre au-dessus du sinistre fantôme
Qui hante leur esprit et cause leurs émois.

Au sommet du Thabor il se met en prière ;
Son visage revêt un éclat sans pareil.
Ses habits de la neige ont la blancheur première
Et semblent emprunter les rayons du soleil.
Jésus est en extase et demeure immobile,
Tandis que deux élus s'inclinent devant lui.
Ces messagers divins acclament l'Evangile
Dont l'essor immortel a le Ciel pour appui.
Le Christ voit à ses pieds la Loi, le grand Prophète :
C'est Moïse arrivé des flancs du Sinaï,
Elie au char de feu, descendu sur la crête
Du radieux Thabor où règne Adonaï.

Il leur dit ses travaux pour la gloire du Père,
Ses œuvres dans le monde et son désir ardent
De sauver les humains, par le sang du Calvaire
Et celui des martyrs, au Nouveau Testament.
Les trois disciples sont transportés d'allégresse ;
Le Ciel est dans leurs cœurs, dans leurs regards aussi.

Pierre, le plus ardent, témoigne son ivresse :
« Que nous sommes heureux ! Seigneur ; restons ici. »

Or une voix soudain retentit dans l'espace :
« Ecoutez celui-ci ; c'est mon Fils bien-aimé,
Mon délice éternel ! » La voix résonne et passe
Comme un chant qui s'éteint dans la brise emporté.

Mais les rayons divins s'effacent de la terre,
Le coin de Paradis disparaît lentement ;
Le Christ lui-même sort du glorieux mystère
Pour rassurer les siens pâles d'étonnement.

Aux splendeurs du Thabor, ainsi qu'à son baptême,
Le Seigneur apparaît dans sa divinité :
« Gardez discrètement cet oracle suprême,
Jusqu'au jour où le Christ sera ressuscité, »
Recommande le Maître à ses faibles apôtres,
A ceux qui le verront un soir agonisant.

Mais sauront-ils alors montrer, plus que les autres,
Qu'ils ont compris la croix et son drame sanglant ?

Jésus, affermissez notre foi chancelante ;
Nous ne demandons pas les signes du Thabor ;
Cependant, pour gravir la douloureuse pente
Par des sentiers obscurs, Maître, il nous faut encor
Les célestes secours, le rayon de la grâce.
L'orgueil jette sur nous son ombre et ses affronts,
Ses doutes malfaisants. Faites que l'orgueil passe
Et que l'étoile brille ! O Dieu, nous la suivrons.

II. Les Rameaux

« *Hosanna au fils de David ! Béni
soit celui qui vient au nom du Seigneur ; gloire au plus haut des
cieux !* » (1)

Le Christ sur sa monture avance vers la ville,
Noble et simple toujours. Or le peuple mobile
    Accourt des hameaux et des champs.
Jeunes filles, vieillards, femmes, chacun s'apprête ;
On devine surtout ce que sera la fête
    Dans les yeux des petits enfants.

---

(1) S. Matth. XXI, 9.

On vole à sa rencontre, et dans la foule entière
Claquent toutes les mains. Au loin sur la poussière
    S'allongent les riants tapis.
La verdure et les fleurs tombent en avalanches ;
Sur les arbres grimpés, plusieurs jettent des branches,
    Et ce sont les plus applaudis.

L'enthousiasme est tel et telle est l'allégresse
Que les grands à leur tour se sont mis en liesse :
    Ils jettent leurs riches manteaux ;
Et quand Jésus passait, les traits pâles et calmes,
Le peuple l'acclamait en agitant des palmes
    Et de blancs mouchoirs pour drapeaux.

L'enivrement, l'amour est au fond de ces âmes ;
La joie est sur les fronts et dans les oriflammes
    Comme aux fêtes de Jéhovah.
A Bethléem, ce fut le *Gloria* des Anges ;
Aujourd'hui les mortels prodiguent leurs louanges
    Dans un formidable *Hosanna.*

Le prophète annonçait un Roi plein de tendresse
Aux enfants de Sion. Le voici sur l'ânesse ;
    La bonté seule est dans ses yeux.
Béni soit le Seigneur sortant de sa retraite !
De nos cœurs réjouis il a fait la conquête ;
    Sans faste, il vient le Roi des Cieux.

De ces bruyants éclats, l'humilité du Maître
Triomphe sans effort, et, seule, eût fait connaître
          Combien peu valent ces honneurs.
Son cœur est dans le ciel ; son âme sans entraves
S'abandonne fervente à des pensers plus graves
          Qu'un vain triomphe et ses clameurs.

La fleur perd en éclat, quand passe le nuage
Qui voile son soleil : sous un sombre présage
          L'œil du Sauveur s'est obscurci.
Car les tendres agneaux, amenés pour la fête,
Passent silencieux, des rubans sur la tête,
          Pour être égorgés sans merci.

Et que sera demain pour ce peuple volage
Qui semble maintenant une vivante image
          D'amour et de fidélité ?
Dans six jours, embrasé d'une tout autre flamme,
Maudissant le Sauveur, il damnera son âme :
          Ainsi flotte l'humanité.

111. La leçon de charité

> « *Il mit de l'eau dans un bassin
> pour laver les pieds de ses disci-
> ples.* » (1)

Les quartiers sont déserts ; c'est l'heure du silence,
Et sur Jérusalem, dans la nuit qui s'avance,
    Le Ciel incline son flambeau.
Le suprême Conseil s'apprête au déicide ;
Jésus, parmi les siens, toujours calme, préside
    Le sacré festin de l'agneau.

---

(1) S. Jean, XIII, 5.

Les hommes préparent leur crime
Tandis qu'un mystère sublime
Commence pour l'humanité.
Des Juifs l'ignoble sacerdoce
Va consommer sa haine atroce
Et l'Homme-Dieu sa charité.

Les douze sont à table, et le Maître contemple
Ces disciples auxquels il veut donner l'exemple
Des plus touchantes amitiés :
Il prend un bassin d'eau, met les genoux en terre,
Et, ceint d'un linge blanc, s'arrête devant Pierre
Dont il prétend laver les pieds.

« Jamais, Seigneur, jamais, répond l'ardent apôtre ;
Un tel abaissement pourrait être le nôtre,
Mais il est indigne de vous.
— Laisse faire, ô mon fils, ou renonce au partage
De mes divins travaux et de mon héritage »,
Réplique Jésus humble et doux.

Le disciple touché se soumet sans réserve ;
En silence le Christ pour les autres observe
Le même rite de bonté ;
Puis il dit : « Je vous donne une leçon formelle
De paix, d'humilité, d'amitié fraternelle :
Vous vivrez dans la charité.

Les hommes vous voyant s'écrieront : « Comme ils
                                    [s'aiment ! »
Vous ferez réfléchir les méchants, qui blasphèment,
        Par votre invincible douceur.
Ainsi l'on connaîtra que vos œuvres sont belles,
Lorsque la charité vous montrera fidèles
        A l'Evangile du Seigneur. »

        Regardez, maîtres intraitables,
        Ce geste et ces mains vénérables
        Condamnant la fausse grandeur.
        Instruisez-vous, changez d'allure,
        Car votre orgueil est une injure
        Au Dieu qui s'est fait serviteur.

IV. Le viatique divin

« Le pain que je vous donnerai,
ce sera ma chair pour la vie du.
monde. » (1)

Dans les champs le blé croît, le raisin va mûrir ;
Le laboureur s'arrête et le ramier s'envole
Dans un rêve pareil : même espoir les console
Devant la moisson d'or qui pourra les nourrir.

Mais si le bon froment et le vin généreux
Procurent à la vie une nouvelle flamme,
Où chercher l'aliment qui réconforte l'âme,
Le breuvage inconnu qui fait germer les preux ?

---

(1) S. Jean, VI, 51.

Quand nous avons, Seigneur, mangé de votre pain
Ou que nous épuisons la coupe parfumée,
Si la force du corps se trouve ranimée,
Le cœur a soif encor, le cœur a toujours faim.

C'est le cri désolé qui monte vers le Ciel,
La plainte sans arrêt de l'humaine faiblesse :
Père, donnez du pain aux âmes en détresse,
Un pain pétri d'amour et plus doux que le miel.

Ainsi gémissait l'homme, esclave du malheur.
Appelant, mais en vain, la force et la lumière.
Que peut-il sans secours, dans l'ingrate carrière
Où l'épreuve est stérile et se change en douleur ?

Mais le Verbe entendit ces déchirants appels ;
Il voulut racheter notre terre asservie
Et donner à nos cœurs cette manne de vie,
Ce pain venu des Cieux qui fait les immortels.

> Il éclaira par son génie ;
> Rédempteur il livra son Sang ;
> Même il a, Dieu compatissant,
> Prouvé sa tendresse infinie
> Par un don plus fort que la mort :
> C'est l'ineffable Eucharistie,
> Céleste pain que l'Ange envie,
> Où sa chair est notre confort.

L'Evangile du Christ éleva l'âme humaine
En lui donnant le goût d'un plus noble avenir ;
L'homme dut aspirer plus haut que le plaisir
Et bannir de son cœur l'égoïsme et la haine.

Car le monde est souvent comme un pont de navire
Craquant sous la tempête et tout près de sombrer :
Passagers et marins semblent accélérer
Le désastre imminent et le pousser au pire.

Ainsi l'humanité sur la route chancelle,
S'agite et se tourmente en face du danger.
Chacun lutte pour l'or et n'entend ménager
Que le temps au mépris de la vie éternelle.

Entre la vaine joie et l'aveugle souffrance,
Nous peinons sous les coups de l'infernal assaut ;
Soutenez-nous, Seigneur, par la grâce d'en-haut
Et donnez-nous le pain qui refait la vaillance.

Jésus a résolu cet angoissant problème.
Cependant que Judas marche à la trahison,
Lui, porte jusqu'au Ciel son ardente oraison
Et fait aux siens le legs de son amour suprême.

Dans ses divines mains, il tient le pain azyme,
Le bénit et le rompt : « Prenez, dit-il, mangez ;
C'est mon corps. Chaque fois que vous consacrerez,
Vivez le souvenir de ce festin sublime. »

Puis, toujours solennel, le Christ prend le calice
Qu'il a rempli de vin, et l'élève en disant :
« Frères, buvez-en tous, buvez ; car c'est mon Sang,
Le Sang du Testament, offert en sacrifice.

Il sera répandu pour vous et beaucoup d'autres ;
D'innombrables péchés ainsi seront remis. »
Miracle et charité ! Jésus de ses amis
A pour l'éternité fait des Prêtres-Apôtres.

Eux renouvelleront l'insondable mystère
D'un Dieu donnant sa chair et son sang précieux
Aux âmes qu'il nourrit de la manne des Cieux :
Tel fut le divin legs du Sauveur à la terre.

Cette manne, ô Jésus, est notre Viatique ;
L'âme qui s'en nourrit peut suivre son chemin ;
Elle boit, dans l'extase, à la coupe de vin
Où l'on puise l'amour d'une vie angélique.

Et quand sonnera l'heure où cette âme troublée
Devra prendre son vol, feuille tremblante au vent,
Son unique soutien sera le Pain Vivant,
Espérance et salut de la pauvre exilée.

V. L'Hallel [1] de l'action de grâces

> *« Non pas à nous, Seigneur, non*
> *pas à nous la gloire, mais à ton*
> *nom. »* (2)

La Pâque, pour les Juifs, était le souvenir
    Le plus touchant de leur histoire :
Un pharaon cruel voulait les retenir
    Esclaves sur son territoire.
Dieu, pour les délivrer de puissants ennemis
    Et les sauver d'un sûr carnage,
Entre les flots changés en remparts affermis,
    Leur ouvrit un large passage.

Or depuis ce temps-là, le festin de l'agneau
    Dans la Pâque se renouvelle,
Avec les rites saints qui furent comme un sceau
    Aux serments du peuple fidèle.

---

(1) « Hallel » signifie : louange ; d'où Halleluia.

(2) Ps. CXIII.

C'est le souvenir immortel
Du grand jour de la délivrance,
Qui mit un terme à la souffrance
Des premiers enfants d'Israël.
Après le troisième calice,
« *Coupe de bénédiction* »,
Commençait l'hymne de Sion
Au Seigneur qui lui fut propice.

« Gloire à Jéhovah, Dieu vainqueur !
Il a brisé notre esclavage
Et d'Israël vengé l'outrage
En submergeant notre oppresseur.
Jacob est sa nation sainte ;
Et, devant son bras tout-puissant,
Le flot de la mer frémissant
A reculé saisi de crainte.

Le Jourdain suspendit son cours ;
Au loin bondissaient les montagnes
Comme les troupeaux des campagnes,
Quand Dieu vint à notre secours ;
Et soudain la terre accablée,
Comme au souffle d'un ouragan
Ou par le choc d'un noir volcan,
Sur ses bases fut ébranlée.

Docile à ses divins decrets,
Le rocher se change en fontaine ;
Autour des pierres de la plaine
L'eau s'étale en vastes marais.
A lui seul appartient la gloire,
A Jéhovah louange, honneur !
Nous garderons dans notre cœur
De ces grands bienfaits la mémoire.

Qu'ils osent dire maintenant
Tous ces vains peuples de la terre :
« Leur Dieu n'est que fable et chimère. »
Non, non, c'est le Dieu triomphant,
Sa volonté toujours puissante
Maîtrise les séditieux ;
C'est lui qui règne dans les Cieux
Et tient l'Enfer dans l'épouvante.

Miséricorde et vérité,
De nos ennemis il nous venge,
Et les terribles coups de l'Ange
Sur Israël n'ont point porté.
Peuples, chantez dans l'allégresse
Ses incomparables bienfaits :
Nous célèbrerons à jamais
Les prodiges de sa tendresse
     Halleluia.
     Halleluia,

Ainsi chantaient les Juifs, depuis dix-sept cents ans,
Pour clore le repas de l'agneau symbolique,
Lorsque l'Agneau divin, au milieu des tourments,
Racheta l'univers par une mort tragique.

Le monde alors devint un nouvel Israël
Qui chantera de Dieu la gloire et les louanges ;
Et l'âme dans la Pâque, au lieu d'un mets charnel,
Goûtera Jésus-Christ à la table des Anges.

Mais l'Hallel ne saurait s'élever jusqu'au Ciel ;
Le Juif n'y chante plus que les biens de la terre ;
Et de l'antique agneau s'il conserve le fiel,
Il a trahi de Dieu le plus touchant mystère.

VI. La prière de Jésus

« Père, je ne prie point pour le monde, mais pour ceux que vous m'avez donnés, parce qu'ils sont vôtres. » (1)

Jésus prodigue aux siens les plus tendres conseils ;
Son discours est rempli de sentiments pareils
    A ceux d'un testament suprême.
Son cœur leur appartient ; et, parmi les bienfaits
Dont il veut les combler, il leur lègue « sa paix »,
    Gage du Ciel à ceux qu'il aime.

------

(1) S. Jean, XVII, 9...

Alors levant les yeux : « Père, voici l'instant
D'exaucer votre Fils. Son vœu le plus ardent,
     C'est de sauver ces chères âmes ;
Daignez leur procurer le don si précieux
De vous chercher en moi, pour vous connaître mieux
     Et brûler de nos saintes flammes.

Je vous honorais, Père ; et dans ce triste exil,
Le monde me traita d'imposteur, d'être vil :
     Relevez-moi jusqu'à la gloire
Que j'ai connue, au Ciel, chez vous, dans votre sein,
Quand l'univers n'était qu'un chaos incertain,
     Un rien sans vie et sans histoire.

Vous m'avez confié ceux qui viendraient à vous ;
Mon effort assidu, mon labeur le plus doux
     Fut ici-bas de leur apprendre
La parole de foi, d'amour, de vérité,
Le Verbe lumineux que, de l'éternité,
     Avec moi vous fîtes descendre.

Ils savent maintenant de Qui je suis venu ;
En eux j'ai dissipé le terrible inconnu
     Qui pèse toujours sur tant d'autres.
A cette heure je prie et je prierai pour eux ;
Le monde est un cloaque horrible et dangereux ;
     Préservez-les, mes chers Apôtres.

Pour moi, je dois partir ; le temps ne m'est plus rien ;
Je les laisse et retourne à vous, Souverain Bien.
          En mon nom, je vous le demande,
Conservez-leur la paix que j'ai mise en leurs cœurs ;
Que de l'esprit mauvais ils demeurent vainqueurs
          Et que votre amour les défende.

O Père, unissez-les par une charité
Comparable au lien qui, dans la Trinité
          Unit les Personnes divines.
Qu'ils se joignent bientôt à ces autres enfants
Que vous appellerez à goûter, dans leurs rangs,
          Le miel des célestes doctrines.

Si le monde est vaincu, les puissances du mal
Subsistent dans les cœurs, et l'effort infernal
          Prépare de nouveaux ravages ;
Mais dans le firmament l'arc-en-ciel reparaît ;·
Qu'il soit pour l'univers un présage de paix ;
          Epargnez-lui d'autres orages.

VII. Le suprême combat

A SA GRANDEUR MONSEIGNEUR LEQUIEN

EVÊQUE DE SAINT-PIERRE ET PORT-DE-FRANCE

I. LA SOLITUDE

« Mon âme est triste mortellement. » (1)

Au mont des Oliviers règne un profond silence
Et l'air pur des hauteurs que Jésus aime tant,
C'est l'air voisin du ciel où son âme s'élance
Pour écarter l'effroi d'un cauchemar sanglant.
Le Christ confie aux siens les amères pensées
De son cœur ulcéré par un amour de feu ;
Il cherche avec ferveur les plaines étoilées
Et jette son appel à la bonté de Dieu.

---

(1) S. MARC, XIV, 34.

« Je souffre, mes enfants ; ma tristesse est navrante,
Ne m'abandonnez pas au poids de ma douleur.
Le spectre d'une mort affreuse me tourmente
Et les crimes du monde en augmentent l'horreur. »
Ainsi parle Jésus au seuil de l'agonie.
Un rocher caverneux se trouve à quelques pas ;
Il s'y jette à genoux et son âme meurtrie
Se livre frémissante aux suprêmes combats.

La nuit pâle s'étend sur sa voûte profonde
Et fleurit son palais d'astres aux reflets d'or ;
La brise souffle à peine ; une lumière blonde
Met sur les oliviers un sinistre décor.
Et voici qu'on entend une voix lamentable
Qui prie et qui gémit dans ce calme du soir.
On dirait les accents d'un être misérable
Qui savoure en pleurant le fiel du désespoir.

« Mon Père, ce calice est rempli d'amertume ;
Ah ! par pitié, daignez de moi le détourner ;
Pourtant, si je dois boire et la lie, et l'écume,
O Père, à vos desseins je veux m'abandonner ! »
Victime volontaire et plus pure que l'ange,
Jésus s'offre à l'autel pour un monde imposteur,
Et se voit submergé par l'odieuse fange
Que tout coupable jette au divin Rédempteur.

Spectacle douloureux ! Mystère d'épouvante !
Celui dont la puissance a lancé le soleil,
Qui peut anéantir la nature vivante
Et réserve aux méchants un terrible réveil ;
Le Maître qui demain fera trembler la terre,
Relèvera les morts et fendra les rochers,
Succombe dans l'effroi, pleure et se désespère
Sous le poids écrasant de nos hideux péchés.

II. SATAN

La souffrance l'étreint, pendant qu'il se prosterne,
Au point qu'il est couvert de sueur et de sang.
L'obscurité grandit au fond de la caverne,
D'où s'élève la voix d'un être malfaisant :
« Fils de Dieu, quel sera le fonds de ta misère,
Si tu prétends porter du crime le fardeau,
Laisse au Ciel ses fureurs, renonce à ta chimère ;
Dans un fier désespoir, sois ton propre bourreau.

Les hommes se sont fait des dieux d'or et de pierre ;
Je leur ai procuré richesses et plaisirs ;
En détournant leurs yeux de ta haute lumière,
J'ai flatté leur orgueil et comblé leurs désirs.
Donne ton sang pour eux ! dans leur concupiscence,
Ils referont demain ce qu'ils ont fait toujours ;
Ce sera le blasphème, une clameur immense
Contre ton Evangile et tes plus beaux discours.

Les palmes de ton Ciel et ton Eucharistie,
Tes avances d'amour resteront sans succès ;
Ta morale sera sans cesse travestie
Et poussera le monde à de nouveaux excès.
Ton dernier sacrement, éclos dans le Cénacle,
Et ta prochaine mort parmi d'affreux tourments
Hausseront le mépris jusqu'à ton tabernacle,
Joignant le sacrilège à tes délaissements. »

L'ombre règne toujours dans la funèbre grotte.
Mais un rayon subit perçant l'obscurité,
Eclaire la caverne où le Sauveur sanglote
Pendant que le démon s'enfuit épouvanté.
Puis un Ange apparaît : le Christ dans sa détresse
Semble un réfugié s'accrochant à l'autel,
Et ses lèvres tout bas murmurent la promesse
De son obéissance au vouloir paternel.

III. UN MESSAGER DU CIEL

L'Ange, dans le maintien d'une anxieuse attente,
Contemple l'Homme-Dieu sous un hideux manteau
D'opprobre et de péchés. Il adore et présente
A l'auguste victime un merveilleux tableau
Des fruits que produira son divin sacrifice :
C'est un long défilé d'apôtres, de martyrs
Qui boiront sur la terre au douloureux calice,
Mais goûteront au Ciel d'ineffables plaisirs.

Le tableau s'élargit : L'Eglise militante
Y conduit ses héros, ses sublimes docteurs ;
Des papes et des rois en phalange éclatante,
Les grands ordres chrétiens avec leurs fondateurs ;
Et, loin des bruits mauvais, de fervents solitaires
S'avancent sur les pas de Jean le Précurseur ;
La légion des Saints remplit les monastères
Et des peuples entiers servent le Dieu Sauveur.

Ici c'est un Pontife avec la théorie
Des anges d'ici-bas, ces enfants radieux,
Auxquels il a donné le pain de la patrie
Et dont le pur regard semble un reflet des cieux.
Le cortège infini des vierges consacrées,
Au cloître et dans l'exil, brille par sa blancheur,
Et les prêtres du Christ, sous les voûtes sacrées,
Implorent dans leurs chants le salut des pécheurs.

. . . .

Ton silence restait profond comme un abîme,
Mont de Gethsémani, mystérieux séjour ;
Et l'ange contemplait la céleste victime
D'un regard tout empreint de tristesse et d'amour ;
Et toujours l'Homme-Dieu s'absorbe en sa prière,
Son visage reprend sa douce majesté.
Il se relève enfin pour courir la carrière
Et laver dans son sang l'humaine iniquité.

O mon Sauveur, foyer de tendresse infinie
Vous prenez donc sur vous le hideux vêtement
Des hommes acharnés dans leur ignominie ;
Vous voulez les sauver d'un éternel tourment.
Hélas ! vous souffrez seul et le remords m'oppresse,
Ne me repoussez pas si je tombe à genoux ;
Laissez-moi me traîner à vos pieds, que je presse
Sous ma lèvre souillée, et pleurer avec vous !

VIII. Caïphe

« *Et s'étant saisis de Jésus, ils l'emmenèrent à la maison de Caïphe.* » (1)

Apôtres endormis, compagnons sans courage,
Vous n'entendez donc pas sa plainte et ses sanglots ?
« Père, s'il est possible, éloignez tant de maux ;
Que votre volonté pourtant soit mon partage ! »
Debout, frêles brebis, on traque le Pasteur ;
Bientôt vous allez fuir : Iscariote avance ;
L'homme aux trente deniers signale sa présence,
Sa basse félonie en baisant le Sauveur.

« Jésus de Nazareth ! » clament les satellites
Du sinistre Judas. « C'est moi », répond Jésus.
A ces mots, les voilà sur la terre étendus ;
Mais ils n'abdiquent pas leurs besognes maudites.
Caïphe a des suppôts faits à l'iniquité ;
La haine les aveugle et leur cache le crime,
Il leur faut un triomphe, une grande victime,
Le Sanhédrin l'a dit. Jésus est arrêté.

------

(1) S. Luc, XXII, 54.

O cité de David, on profane ta gloire,
Un cortège sans nom pénètre dans tes murs ;
Ton Dieu ! Ton Dieu cerné par des soudards impurs,
Enchaîné ! Quel forfait d'exécrable mémoire !
Et Lui, chargé de fers, dans son humilité
Reste silencieux. Mais du fond de son âme
Rejaillit sur son front la douce et pure flamme
Qu'allument les splendeurs de sa divinité.

Nous vous suivrons, ô Christ, au milieu des injures.
Le Ciel est irrité contre un monde pervers ;
A votre sang béni, rançon de l'univers,
Nous mêlerons les pleurs qui font les âmes pures.
Jésus prend donc sur lui la haine et la fureur
Des hommes révoltés ; il portera leurs crimes,
Pour solder notre dette et combler les abîmes
Où le mal triomphant règne par la terreur.

On traite l'accusé sous les yeux du grand-prêtre
Avec des procédés que n'autorisent pas
Les lois, même à l'égard des pires scélérats ;
Caïphe, sans remords, dirige tout en maître,
Il verse son mépris et le fiel de son âme
Sur l'innocence même. Il descendra plus bas
Que ses propres valets et le triste Judas,
Lui, le très digne chef d'un sacerdoce infâme.

IX. Le Sanhédrin

*« Je t'adjure, au nom du Dieu
vivant, dis-nous si tu es le Christ
Fils de Dieu. »* (1)

Jésus est amené dans l'étrange synode
Des Juifs qui l'ont traité d'impie et d'imposteur ;
Ses juges cauteleux chercheront dans leur code
Le moyen de sévir contre un tel malfaiteur.
On frappe l'accusé ; nul ne prend sa défense ;
Les témoins sont d'ailleurs en flagrant désaccord :
Les Scribes pourront-ils statuer sur le sort
Du Christ qui les emeut par son noble silence ?

---

(1) S. Matth. XXVI, 63.

Ce silence répand dans la folle assemblée
Un visible embarras, et, sur son tribunal,
Caïphe l'a compris. Son audace supplée
A l'indécision d'un Conseil trop banal.
En vrai Pharisien, le grand-prêtre se lève,
Et s'adresse à Jésus d'un accent émouvant :
« Je t'adjure de dire, et réponds-nous sans trêve,
Es-tu vraiment le Christ, le Fils du Dieu vivant ? »

Aux propos malveillants, outrage ou calomnie,
Aux vaines questions que chacun lui posait,
Le Maître répondait par la douce ironie
De son âme sereine ; et, calme, il se taisait.
Mais, quand, au nom du Ciel, le grand-prêtre réclame
La claire vérité que l'univers attend,
L'accusé se redresse et hautement proclame
Ce qui de l'Evangile est tout le fondement.

Et le Verbe fait chair professe sa doctrine :
« Fils de Dieu, je le suis et vous verrez un jour,
Sous les voûtes du Ciel, la Majesté divine ;
A sa droite le Christ, les anges alentour. »
Caïphe se redresse ; il jette l'anathème
Au prophète « menteur » qui s'est déclaré Dieu.
Comment punira-t-on cet horrible blasphème ?
Tous demandent en chœur la mort de l'Homme-Dieu.

Prononce la sentence, ô criminel Pontife,
Pour que ton nom survive à ton destin mortel :
Toujours, pour le maudire, on connaîtra Caïphe ;
Le Christ de son bourreau fait un monstre immortel.
Mais nul n'aura le droit, tout au long de l'histoire,
De nier le propos ou la sincérité
De Jésus proclamant dans un vaste prétoire
Son pouvoir surhumain et sa divinité.

Caïphe, poursuivant l'ignoble comédie,
Lève les bras au Ciel, déchire son manteau,
Et toujours indigné, théâtral, il s'écrie :
« Cet homme a blasphémé. Quel argument nouveau
Faut-il pour prononcer une juste sentence ?
Vous l'avez entendu : nul témoin, nul rapport
Ne vaudrait son aveu : jugez en conséquence. »
Et la foule répète : « Il est digne de mort. »

Magistrats et valets lui crachent au visage,
On l'insulte, on le frappe avec acharnement ;
Et le Christ, enchaîné, demeure sous l'outrage,
Jusqu'au lever du jour que le Conseil attend.
Alors le divin Maître est conduit sous escorte
Vers le palais d'été du gouverneur romain ;
Des soudards avinés la fatale cohorte,
Attachée à ses pas, l'injurie en chemin.

X. De Pilate à Hérode

« *Je ne trouve en Lui aucune
cause de mort.* » (1)

Pilate n'était point sans crainte ni reproche.
Devant le double assaut sournois du sanhédrin
Et du peuple ameuté ; car la Pâque était proche
Et plaçait le débat sur un glissant terrain.
Proclamer de Jésus la parfaite innocence
Eût été plus loyal aux yeux du gouverneur ;
Mais il faudrait vouloir et briser l'arrogance
      Des Juifs et de leur grand meneur.

---

(1) S. Luc, XXIII, 22.

Le Christ par sa naissance est du ressort d'Hérode,
Et Pilate prétend esquiver le danger
En créant de ce chef un habile épisode :
Il remet donc au roi ce fâcheux étranger.
O Christ ! O Dieu très saint ! la sentine des vices
Et du crime se cache en ce lieu fastueux.
Traitez avec mépris les grossiers artifices
    De ce monarque incestueux.

Et toi lâche préteur, misérable honnête homme,
Regarde ce Jésus à l'âme de cristal ;
Oublie un peu la foule et le César de Rome ;
Songe qu'il n'a jamais combattu que le mal.
Mais, Pilate, tu n'es qu'un aveugle instrument ;
Tu ne sais que trembler sous l'orage qui gronde,
Et tu vas immoler le sang de l'innocent
    Pour flatter une tourbe immonde.

XI. Pierre

> « *Sorti de l'atrium, il pleura*
> *amèrement.* » (1)

Pierre s'était glissé chez les gens de Caïphe,
Pour attendre la fin de l'infâme procès.
Une femme survient : servante du pontife,
Elle trouve à Simon des airs embarrassés.

Et s'adressant à lui : « Tu connais bien cet homme ».
Dit-elle. Mais l'Apôtre affirme par trois fois :
« J'ignore ce qu'il est et comment il se nomme. »
Or, du coq, à l'instant, on entendit la voix.

---

(1) S. MATTH. XXVI, 75.

Jésus avait prédit au pauvre téméraire :
« Avant le chant du coq, tu m'auras renié. »
Le disciple a trahi ce Maître débonnaire !
Honneur, courage et foi, tout est sacrifié.

Sur lui tombe un regard de tendresse divine,
Reproche plein d'amour, grâce offerte au pécheur ;
Et des sanglots amers soulèvent sa poitrine,
Tandis que le remords lui tenaille le cœur.

O Pierre, ta douleur pourrait être éternelle,
Si l'existence humaine échappait à la mort.
Du moins, jusqu'à la fin, tu resteras fidèle
A l'appel de l'amour comme au cri du remords.

Athlète généreux, tu resteras en armes,
Et tes enfants verront la trace de tes larmes
En face de la croix, pour les derniers combats,
Jusque dans le ravage et la nuit du trépas.

XII. Judas

« Celui qui trahit le Seigneur. » (1)

Quelle est cette ombre qui se traîne
Et semble sortir des ravins
Que, dans l'histoire, les rabbins
Appelaient la sombre Géhenne ?

Au fond de la gorge sauvage,
Un torrent s'élance et bondit ;
Et tout le vallon retentit
De son éternel cahotage.

____

(1) S. Matth., X, 4.

C'était le val des sacrifices :
Jadis, en l'honneur de Moloch,
Le sang juif avait teint les rocs
De ces funèbres précipices.

On entendit sous ses ombrages,
Avec le son des tambourins,
Le chœur impur des malandrins
Célébrant de hideux carnages.

Alors sur ce lieu d'infâmie,
Qui regardait le mont Sion,
Survint la malédiction
Du grand prophète Jérémie.

Or, c'est cette pente déserte,
Dominant un sombre circuit,
Que Judas, fuyant dans la nuit,
Choisit pour consommer sa perte.

Des potiers prenaient leur argile
Dans les carrières du coteau :
Leur champ va servir de tombeau
A ce félon de l'Evangile.

Tu ne vivais que pour l'argent,
Hypocrite au regard de fauve,
Car ton avarice était sauve
Dans ta pitié de l'indigent :

Tu gémis des parfums versés
Sur la tête du divin Maître
Et tôt après tu deviens traître
Pour quelques deniers encaissés.

Quand ta criminelle aventure
Tourne au tragique, le remords
Te mène à la pire des morts,
D'un malheur sans fin triste augure.

Incapable de repentir,
Tu fuyais la miséricorde :
Satan te présente sa corde
Et finit de te pervertir.

Mais, à cette étape dernière,
Là-haut dans le ciel constellé,
Ton œil sordide et désolé
N'a-t-il rien vu dans la lumière ?

Insensé ! Tu n'as point frémi,
Au souvenir de ce doux Maître
Qui voyait ta bande paraître
Et t'appelait encore « ami ».

Ainsi s'acheva ton ouvrage
D'avarice et de trahison.
Et tu n'eus pas même un frisson
En baisant le Christ au visage.

Ecoute, en haut de la ravine,
Une interminable clameur :
Cette explosion de fureur,
C'est ton noir complot qui chemine.

Mais rien ne peut plus t'émouvoir ;
Ton âme à l'Enfer asservie
Choisit, pour sortir de la vie,
L'affreux chemin du désespoir.

Dans le vallon chante la houle :
En flots tumultueux l'Ennon,
Dont la Géhenne a pris le nom
Sous l'œil de Judas se déroule.

La mort franchit son dernier pas ;
Dans une étreinte inexorable,
Elle saisit le misérable
Dont le torrent sonnait le glas.

Un démon, pour cueillir son âme,
Des enfers s'élance d'un bond
Et monte du ravin profond,
Soufflant une puante flamme ;

Il jette un blasphème au ciel bleu,
Puis regardant, non sans nausée,
L'horrible bouche convulsée,
Il y met son baiser de feu.

XIII. Flagellation

*« Alors Pilate fit saisir Jésus et
le fit flageller. »* (1)

« Le Fils de Dieu, bourreaux, gémit à la colonne :
Frappez le doux Agneau qui ne se défend pas.
C'est l'orgueil, le péché qui vient d'armer vos bras ;
Frappez ; le Tout-Puissant à vos coups s'abandonne ;
Il abdique en ce jour l'empire souverain
Qui dispose en tout lieu, sur la terre et sur l'onde,
De la paix, de la guerre et des forces du monde
    Qu'il balance en sa main.

------

(1) S. Jean, XIX, 1.

Quelle rançon du crime, éternelle justice !
Les mépris et le sang, l'insulte et les soufflets
Sur un Dieu, n'ont-ils pas expié la malice
De l'insolent blasphème et des pires forfaits !

Sans doute. Mais le Christ à des vertus sublimes
Veut entraîner les siens, les gagner sans retour.
La justice n'aurait que de froides maximes ;
La divine attirance est celle de l'amour.

C'est pourquoi le Sauveur accepte ce martyre,
Commencé dès la crèche et dont il a fait choix ;
Pour que d'un grand danger le pécheur se retire,
Il lui montre son cœur et le sang de la Croix.

Son corps à la colonne est une plaie immense ;
Son visage, meurtri, de crachats est couvert.
Le prophète a tracé d'un mot sa ressemblance
Où l'homme disparaît : « *Non homo* », c'est un ver !

XIV. Les deux couronnes

I. LA COURONNE D'EPINES

> « *Les soldats firent une couronne
> d'épines, la placèrent sur sa tête et
> lui mirent un roseau à la main.* » (1)

Vous avez flagellé cette face divine ;
Par vous, Pharisiens, triomphe Lucifer :
Car cette heure néfaste est celle de l'Enfer,
Mettez sur ce front pur la couronne d'épine ;
Consommez vos complots et comblez vos mépris,
Faites porter au Christ un sceptre dérisoire :
D'un fragile roseau connaissez-vous le prix,
Quand il aura touché la main du Roi de gloire ?

---

(1) S. Matth., XXVII, 28 et 29.

Un sceptre ridicule, un sanglant diadème,
Un trône de misère, un manteau de soldat
Sont offerts à Jésus : odieux apparat,
Auquel vous savez, Juifs, ajouter le blasphème :

Mais, malgré votre audace, en ce jour plein d'horreur,
A travers les forfaits de vos haines coupables
Passeront, Dieu le veut, les desseins adorables,
Les décrets d'un amour éternel et vainqueur.

Le Martyr est resté ferme et doux sous l'injure,
Et les Juifs n'ont pas vu, près du Christ douloureux,
Les Anges adorant sa profonde blessure,
Celle de sa pitié pour tant de malheureux.

Aussi, quand l'Homme-Dieu paraît devant Pilate
Et que le gouverneur clame l'*Ecce homo*,
Dans son cœur ulcéré, l'amour qui se dilate
Veillera sans faiblir jusqu'au fond du tombeau.

L'Eternel de son Fils contemple le visage ;
Il y trouve l'honneur d'un hommage infini,
La rançon qui du monde a brisé l'esclavage
Et par quoi le chemin du Ciel s'est aplani.

Quel prodige inconnu de bonté, de tendresse,
Dans ces abaissements et ce saint abandon
D'un Dieu qui, sous le poids de l'humaine détresse,
De nos crimes ne sait qu'implorer le pardon !

Amour ! les séraphins, experts en ta merveille,
Regretteront toujours de n'avoir pu souffrir
Pour imiter l'extase à nulle autre pareille
Où la douleur porta l'âme du Dieu martyr.

II. LA COURONNE DE GLOIRE

> *« Dieu s'est levé dans l'assemblée*
> *des dieux : au milieu de ces dieux, il*
> *les juge. »* (1)

Dominateurs fameux, vos conquêtes sont vaines,
De tristes cruautés souillent vos étendards,
Les vaincus ont gémi sous le poids de vos chaînes.
Le crime et l'injustice ont été vos remparts,
Regardez votre Dieu ; son front est déchiré,
Instruisez-vous devant la terrible couronne.
Ce monarque n'écrase ou ne contraint personne ;
Son amour seul retient ceux qui l'ont adoré.

---

(1) Ps. 81.

Mais ce martyr, jadis courbé sous l'infamie,
Reparaît aujourd'hui sur un trône éclatant ;
Son front est radieux et son bras menaçant ;
Il brise sans pitié toute force ennemie.
Malheur à vous, tribuns, magistrats, gouverneurs,
Tyrans ou dieux d'argile à tête constellée,
De prévaricateurs détestable assemblée,
Vous avez asservi le monde à vos terreurs.

Si vous aviez dans la justice
Pesé les fautes des humains,
Gardé purs vos cœurs et vos mains,
Le Ciel vous fût resté propice ;
Et l'on bénirait en tous lieux
Le bienfait de votre existence :
Dignes fils de la Providence,
Vous seriez à jamais des dieux.

Vous fûtes de la synagogue
Où les méchants venaient siéger,
Et vous osiez vous arroger
Des droits contre le décalogue.
Celui qui parle maintenant
Connaît vos forfaits : Il vous juge ;
Tremblez, vous êtes sans refuge
Devant son sceptre fulminant.

Magistrats de l'iniquité,
Le pauvre fut votre victime
Et vous retiriez de l'abîme
Des orgueilleux sans probité.
Infâmes furent vos sentences
Contre le faible et l'orphelin ;
Vous fîtes plus dur leur destin,
Pour mieux assouvir vos vengeances.

Vous prétendiez être immortels :
Votre manœuvre ténébreuse
Sombre dans la nuit douloureuse
Où tombent tous les criminels.
Mais voici que tremble le monde,
La main de Dieu vous a frappés,
Sur vos visages convulsés,
On lit une angoisse profonde.

Du Christ le règne est éternel :
Tyrans, arrachez vos couronnes ;
Dieu n'a pas réservé des trônes
Pour des maîtres au cœur cruel.
Il s'est levé, vengeur suprême ;
Ce Dieu, le reconnaissez-vous,
Lorsque vous tombez sous les coups
De l'irrévocable anathème ?

XV. Le Parallèle

« Non, pas Lui, mais Barabbas ! » (1)

D'un côté c'est Jésus, la victime sanglante ;
De l'autre Barabbas, bandit de grand chemin.
C'est la Pâque : Pilate ensemble les présente ;
« Lequel des deux faut-il libérer pour demain ? »

Devant le palais monte une clameur immense :
« A mort Jésus ! à mort ! délivrez Barabbas. »
Le gouverneur se laisse arracher la sentence...
Et dans l'Enfer ce fut le sabbat des sabbats.

---

(1) S. Luc, XXIII 18.

Le Rédempteur

1. Les Filles de Sion

*« Filles de Jérusalem, ne pleurez
pas sur moi, mais sur vous et sur
vos enfants. »* (1)

Tandis que les bourreaux traitaient le Fils de l'homme
Avec plus de rigueur qu'une bête de somme,
Et sur le doux Agneau frappaient toujours plus fort,
Des filles de Sion gémissaient sur son sort.
Jésus paraît touché de cette sympathie,
Mais signale des maux que leur douleur oublie,
Des malheurs qui fondront sur le peuple pervers
Et feront quelque jour frissonner l'univers.

____

(1) S. Luc, XXIII, 29.

Ne pleurez pas sur moi. Le feu de la souffrance
Ne saurait du bois vert dévorer la substance :
Mais, au grand jugement, la colère de Dieu
Roulera la vengeance et la mort en ce lieu.
Pécheurs cent fois souillés, vos âmes déicides
Ne seront que bois sec au sein des feux avides
Allumés par la main des démons triomphants :
Ne pleurez pas sur moi, pleurez sur vos enfants.

Ma mort apporte aux bons salut et délivrance ;
Pour les impénitents, c'est la désespérance,
Et de leur châtiment le prélude certain
C'est la mort de Sion, son désastre prochain :
La famine, l'effroi, le massacre et les flammes,
La ruine des corps et la terreur des âmes,
Jérusalem, seront l'héritage fatal
Que tu recueilleras d'un crime sans égal.

II. La montée du Calvaire

Des méchants conjurés la suprême malice
S'associe en aveugle aux desseins du Très-Haut.
L'infâme croix sera l'autel du sacrifice
Pour le Sauveur du monde. On l'en charge aussitôt.

La victime gémit sous ces poutres grossières
Que son corps affaibli peut à peine porter.
S'il trébuche, on le frappe à grands coups de lanières ;
Et lui, silencieux, s'efforce de monter.

____

(1) S. Matth., XXVII, 32.

Sur l'horrible sentier, moribond lamentable,
Il se traîne et succombe une première fois ;
C'est que, de son gibet si le fardeau l'accable,
De nos péchés sans nombre il porte encor le poids.

Bientôt il est réduit à l'extrême détresse,
Et nul n'en a souci ; le Ciel même est d'airain,
Les soldats sont contraints, si grande est sa faiblesse,
De requérir Simon, le bon Cyrénéen.

Quel honneur pour ce Juif ! Car Simon de Cyrène
C'est le prêtre, Seigneur, qui vous suit à l'autel,
Laissez-moi, comme lui, partager votre peine
Et cheminer vaillant vers le monde éternel.

III. Prêtre et Victime

« *Il a été immolé, parce qu'il l'a voulu.* » (1)

Au sommet du coteau le cortège s'arrête.
Il faut tout disposer pour le drame final :
Jésus est dépouillé ; la populace en fête
Célèbre par des cris son triomphe infernal.

La victime est debout, le front dans la lumière ;
La croix ouvre ses bras au Pontife éternel.
Mais son vouloir divin peut mettre une barrière
Devant l'horrible mort qui l'attend à l'autel.

---

(1) Isaie, LIII, 7.

Il pourra, s'il le veut, comme à la neuvième heure,
Secouer l'univers, étonné dans la nuit,
Foudroyer ses bourreaux... Mais non. Il faut qu'il meure
Pour le monde en détresse ; ou tout espoir s'enfuit.

Rédempteur, il est là comme Prêtre et Victime,
Pour sauver les pécheurs d'un redoutable sort
Et fermer à jamais les portes de l'abîme.
Le doux Agneau de Dieu se résigne à la mort.

Dans son âme chantaient les accents des prophètes
La frayeur et l'amour, la joie ou le malheur ;
Car il faut pour venger les humaines défaites
Et l'affront fait au Ciel, « un homme de douleur ».

« Autour de toi lève les yeux :
Des multitudes rassemblées
Quittent leurs plages désolées ;
Elles viennent d'un cœur joyeux.
C'est la vision de lumière
Qui se lève dans le lointain :
Les peuples, changeant leur destin,
Des cieux abordent la frontière.

Moi, je suis la dérision
Des témoins de mon agonie,
Et leur écrasante ironie
A comblé mon abjection.
O Dieu, vous exauciez leurs pères,
Quand des larmes criaient vers vous
Pour apaiser votre courroux ;
Eux m'accablent de leurs colères.

Mais, vois, ô Christ, le grand réveil,
L'espoir qui réjouit la terre :
Cette aurore qui nous éclaire
Annonce le divin Soleil,
Le mal ne triomphera pas ;
Les fils de ces « chiens » qui blasphèment (1)
Accourront avec ceux qui t'aiment
Baisant la trace de tes pas.

De clous ils ont percé mes mains ;
Mes os craquent dans leurs jointures,
Et mon corps, couvert de blessures,
Est méconnaissable aux humains.
Les bourreaux, pour leur tâche inique
Et sans souci de mes tourments,
Se partagent mes vêtements ;
Ils tirent au sort ma tunique.

---

(1) Ps. XXI, et divers passages d'ISAIE.

Mais l'Esprit Saint n'a-t-il pas dit :
« Un joug odieux les accable ;
Elevez le signe adorable,
Qui met en fuite le maudit.
Dans leurs bras et sur leurs épaules
Ils apporteront triomphants,
En groupes fleuris, leurs enfants,
Telles de vivantes corolles. »

IV. Les Dès du Calvaire

« Ils ont tiré ma robe au sort. » (1)

Tandis que l'Homme-Dieu sur la croix agonise,
La foule insulte à son trépas,
Et parmi les propos qu'inspire la sottise,
Domine la voix des soldats.

Sion, honte à tes fils comme aux aigles romaines !
Le Juste meurt dans les tourments,
Et des soudards gagés, complices de tes haines,
Se disputent ses vêtements.

----

(1) S. Matth., XXVII, 35.

La cynique rumeur grandit et se prolonge,
    Les blasphèmes suivent leur cours,
Jésus vient de goûter le vinaigre à l'éponge,
    Les soldats chicanent toujours.

Qui d'entre eux gardera la robe sans couture
    Dernier bien de ce Dieu souffrant ?
Le sort doit décider. Les dés — suprême injure —
    Roulent sous les yeux du mourant.

Et lui, méprisant tout ce qu'adore le monde,
    Doux amant de la Pauvreté,
Gémit dans l'abandon, l'indigence profonde
    Jusqu'à l'affreuse nudité.

V. Sur la Croix

> « *Quand je serai élevé de terre,*
> *j'attirerai tout à moi.* » (1)

Le Christ était cloué, les deux bras étendus
Sur sa croix, le corps raide et les membres tordus ;
      Il ne voyait, sur le Calvaire,
Que des blasphémateurs et des meneurs hostiles ;
Son âme se tourna vers les lointains mobiles,
      Des siècles scrutant le mystère.

----

(1) S. Jean, XII, 32.

Ici Jérusalem a trahi les desseins
Du ciel et renié la gloire de ses Saints :
    Malheur à toi, cité maudite !
Voici les légions de Rome sous tes murs ;
Ton temple est envahi, souillé par des impurs ;
    Perfide, tu seras détruite.

La douce Galilée et ses lacs enchanteurs
Lui garde des amis, de fidèles pêcheurs
    Soumis aux lois de l'Evangile.
Quand le souffle divin les aura transformés,
Ces disciples encor tremblants et déprimés,
    Moissonneront un champ fertile.

Jésus jette un regard vers l'Orient tout bleu,
Y cherchant la lumière et les rayons de feu
    Dont brillait l'étoile des Mages ;
Or l'étoile s'en va, passe dans le couchant,
Vers le centre fameux qui tient, peuple puissant,
    De l'univers les vasselages.

C'est la cité de Rome, assise en son orgueil,
Mère des nations et parfois leur cercueil,
    Qui commande au reste du monde,
Et Jésus voit César, sur son trône ébranlé,
S'abaissant ébloui, devant la majesté
    De la chaire que Pierre fonde.

Son âme se recueille une dernière fois
Devant cet horizon d'esclaves et de rois
      Qui tomberont dans la poussière,
Quand, d'espoir et de paix l'univers affamé,
Adorant la Croix sainte où tout fut consommé,
      S'élancera vers la Lumière.

Le Peseur éternel va prendre dans sa main
Le continent barbare et le monde latin
      Pour les briser comme une argile.
Sortant de ce chaos les hommes vont chercher
Les leçons de la Foi, tournés vers le rocher
      D'où Pierre enseigne l'Evangile.

VI. Le Dieu pauvre

« *Pitié, car je suis pauvre jusqu'au
dénûment.* » (1)

La terre et les cieux sont à Lui ;
Il a créé toute richesse,
Celle d'hier et d'aujourd'hui :
Pourquoi connaît-Il la détresse ?

Le Ciel lui doit ses diamants,
Le soleil sa magnificence,
La nature ses ornements :
Il eut pour berceau l'indigence.

____

(1) Rom. V, 17.

Les oiseaux nichent dans les bois
Et les fauves ont leur tanière ;
Lui, laissa leurs palais aux rois
Et n'eut pas même une chaumière.

Les charmes de la pauvreté
Ont suivi toute sa carrière,
Il aima l'hospitalité
De la nuit passée en prière.

Lorsque pour la dernière fois,
Mourant, il ferme la paupière,
Son front s'incline sur la croix,
Comme jadis sur quelque pierre.

Il s'endort drapé dans son sang,
Seule pourpre qui lui convienne :
Il n'a plus rien le Dieu puissant,
Sa croix même n'est pas la sienne.

VII. Les sept paroles

*« Sept fois dans le jour, j'ai dit
vos louanges, à cause des arrêts de
votre justice. »* (1)

Les Juifs vont consommer leur attentat perfide
Et Jésus son amour. Dans ie cadre hideux
D'un crime sans égal, un sanglant déicide,
Dieu mettra le salut de ses fils malheureux.

L'humanité gémit dans l'attente prochaine
De l'astre qui se lève en lui montrant le port :
La charité du Christ triomphe de la haine
Et la vie éternelle est fille de la mort.

------

(1) Ps. XI.

« *O Père, pardonnez* à leur triste ignorance ! »
Implore le Martyr pour ses persécuteurs ;
Puis il reçoit en Dieu l'aveu plein d'espérance
Jeté par un bandit, qui pleure ses erreurs.

Comme homme il suppliait, *maintenant il pardonne,*
Même il ouvre le Ciel au cri du repentir ;
Ainsi du Rédempteur la divine personne
S'affirme et reparaît. Pourtant il va mourir.

L'Enfant de Bethléem *lègue un fils à sa Mère :*
C'est Jean, le bien-aimé, debout près de la Croix,
Jean, fidèle à Marie, en son extase amère,
Comme il reste fidèle à son Maître aux abois.

« *J'ai soif* », dit le Sauveur dévoré par les flammes
De la fièvre et surtout par le feu de l'amour ;
Car la soif qui le brûle est le zèle des âmes
Qu'il lui faut ramener vers l'éternel séjour.

Il se sent délaissé, l'angoisse le tourmente :
« *O mon Père, pourquoi m'avoir abandonné ?* »
Il est triste ; la nuit du désespoir augmente,
L'enveloppe et le Ciel lui demeure fermé.

Le drame va finir ; toutes les prophéties
Sur le Christ ont reçu leur accomplissement,
Et « *tout est consommé !* » Les anciennes hosties
Ont disparu. Voici le nouveau Testament.

Vers le salut promis l'univers s'achemine.
« *Père, je rends mon âme en vos divines mains !* »
Puis c'est un cri puissant et sa tête s'incline,
Jésus meurt ! Gloire à Dieu, paix aux pauvres humains.

Au cri de son Auteur s'agite la nature ;
Tout frémit : le soleil à l'instant s'est voilé,
Les rochers sont ouverts, du temple la tenture
Se déchire. La terre et la mort ont tremblé.

Sortis de leurs tombeaux jusqu'en la ville sainte
Des spectres vont semant la frayeur en tout lieu ;
Et le centurion proclame sans contrainte
Que ce Jésus qui meurt est bien le Fils de Dieu.

VIII. La garde d'honneur

> « *Le Roi de la vie règne vivant*
> *dans la mort.* » (1)

Sur le mont du Calvaire, un murmure confus
Planait dans le silence, et l'on n'entendait plus
    Qu'un doux battement d'ailes :
Les Anges arrivaient pour la garde d'honneur
Près du divin Soldat qui mourut en vainqueur
    Les yeux aux cimes éternelles.

------

(1) Office de l'Eglise, au jour de Pâques.

IX. La lance du soldat

« *Dieu est amour.* » (1)

Au cœur de l'Homme-Dieu vit toujours la tendresse ;
C'est le trône où fleurit un éternel amour :
De la terre et des cieux ce Cœur est la richesse,
A l'Eglise immortelle il va donner le jour.

Jésus a rendu l'âme, et pourtant il sommeille :
Ses yeux restent fermés sous les doigts de la mort,
Mais la divinité toujours en son cœur veille,
Le trépas est fragile et l'amour est plus fort.

______

(1) S. JEAN, I Epitre, XVI.

Les Anges prosternés attendent en silence.
Il faut un instrument aux desseins du Sauveur :
L'inconscient Longin vient frapper de sa lance
Le côté de Jésus, il entr'ouvre son Cœur.

Le sang divin et l'eau sortent de la blessure ;
De l'épouse du Christ c'est la dotation,
Et l'Eglise naissante, à cette heure, est l'augure
Du triomphe prochain : la Résurrection.

X. La harpe divine

> *« Sur les harpes de Dieu ils chan-*
> *taient... le cantique de l'Agneau. »* (1)

Au Christ les Enfants de l'Eglise
Portent leurs hommages pieux,
Et prennent partout pour devise :
Amour à son Cœur glorieux !

C'est lui qui console la terre
Et fait resplendir à nos yeux
Le doux rayon qui nous éclaire
Dans notre marche vers les Cieux.

---

(1) Apoc. XV, 2 et 3.

Ce Cœur est la Harpe divine
Où vibre l'immense concert
Des élus ; et sa voix domine
Ce que dit à Dieu l'univers.

De ce Dieu chantez les grandeurs,
Patriarches, Rois et Prophètes,
Vaillants guerriers, législateurs,
Du Ciel sublimes interprètes ;

Apôtres de la Loi nouvelle,
Vierges, Pontifes et Docteurs,
Sanglants Martyrs, troupe fidèle,
Chantez, fervents adorateurs.

Empruntez les joyeux cantiques
De Sion aux jours de bonheur,
Ou les pastorales antiques
Pleines de suave grandeur.

De David et de Jérémie
Haussez les accents inspirés,
Mais sans larmes sur la patrie :
Ses triomphes sont assurés.

Que vos joyeux hymnes de fête,
Vos vibrantes ovations,
Puissantes comme la tempête,
Chantent le Dieu des nations.

Et pour combler votre harmonie,
Appelez à votre secours,
Les Anges, la Vierge Marie,
Mère des célestes amours.

Mais que vos louanges bénies,
Pour être dignes du Seigneur,
Puisent des douceurs infinies
Dans les fibres du Sacré-Cœur.

XI. Pèlerin du Calvaire

> *« Tout consiste à porter sa croix*
> *et à y mourir ; il n'y a point d'autre*
> *chemin qui mène à la vie. »* (1)

Sol empourpré de sang, montagne tutélaire,
Vers toi restent fixés les regards des humains.
Depuis dix-neuf cents ans, combien de pèlerins
Ont meurtri leurs genoux à tes rocs, ô Calvaire !
Sur ton sommet béni quelque mauvais docteur
A bien pu faire entendre un impudent blasphème ;
L'univers lui répond en un puissant poème :
   Amour au Rédempteur.

---

1) Imitation. L. II, Chap. XII.

O Christ, la nuit des temps de ta mort nous sépare,
Mais ta Croix est toujours le salut du pécheur ;
Sur ces rochers en deuil, ton corps dans sa blancheur
Reste pour notre nuit comme un céleste phare.
Laisse-moi contempler tes traits, divin Martyr ;
Coupable, et malheureux de ma triste indigence,
Mieux que dans tes grandeurs, je lis dans ta souffrance :
      Espoir et repentir.

Quand je suis à genoux devant ta chère image,
Dans mon cœur retentit le spasme de ton Cœur,
Et mon âme avec toi s'angoisse de frayeur,
En sondant du péché l'abominable outrage.
De ton corps mutilé j'éprouve les tourments,
Sous ton flanc entr'ouvert je tressaille et soupire,
Et je couvre, ô Jésus, la croix de ton martyre
      De mes baisers ardents.

Je ne puis m'arracher à la sainte colline,
Où rien n'effacera la pourpre de ton Sang,
Où toi, Prêtre éternel, toi, Seigneur tout-puissant,
Sur le gibet maudit quand la douleur t'incline,
Tu jettes à la mort un appel déchirant :
Donne-moi, pour pleurer, tes yeux, ô Madeleine,
Tes yeux, surtout ton cœur pour mourir à la peine
      Près du Christ expirant.

XII. Jérusalem

HIER

*« Le Seigneur l'a choisie pour en
faire sa demeure. »* (1)

Quand Jésus descendit des prochaines collines
Au jour de son triomphe, il vit dans sa fraîcheur
La riante cité : ses murs et ses courtines,
Ses marbres, ses palais rayonnants de blancheur.

Il vit Jérusalem dans sa grâce touchante,
S'enivrant au soleil, des hauteurs de Sion
Jusqu'aux parvis du temple, où le regard s'enchante,
Où bat le Saint des Saints, cœur de la nation.

____

(1) Psaume 131.

Et Jésus le contemple inondé de lumière,
Avec ses lames d'or, ses balustres puissants,
Son autel somptueux, géant de la prière,
Qui porte jusqu'au Ciel les parfums de l'encens.

Au sommet de Sion, le grand palais d'Hérode
Et la tour de David, face aux parvis sacrés,
Dominent la cité que le divin rhapsode
Célébrait sur sa harpe au « psaume des Degrés ».

Le Sauveur redisait : « Sion est mon partage,
C'est le séjour que j'ai choisi pour mon repos ;
Celle que Jéhovah garde comme héritage
Vaincra ses ennemis, malgré tous les assauts.

« Qu'il verse sur ses tours la paix et l'abondance !
Sentinelle puissante, il veillera sur nous.
David doit faire un temple à sa magnificence ;
Là, nous l'adorerons, Rois et peuple à genoux.

« Car le Ciel a reçu le vœu de ma prière ;
Je ne veux pas, Seigneur, habiter un palais,
Et le sommeil fuira ma brûlante paupière,
Si vous n'avez un temple, en ces lieux, pour jamais. »

Ainsi Jérusalem avec sa longue histoire,
Perle de l'Orient, miracle de splendeur,
Souriait à Jésus, assise dans la gloire,
Et les autres cités jalousaient sa grandeur.

Mais elle porte au front le sang de ses prophètes ;
Les ombres du passé planent sur l'avenir ;
Son sacerdoce meurt de ses tares secrètes
Et prépare un forfait que le Ciel doit punir.

O Sion, ta beauté n'égale pas ton crime ;
Et demain c'est l'amour que ton cœur trahira.
Parricide, adultère, horreur ! Voici l'abîme,
Triste Jérusalem !... et le Seigneur pleura...

Six jours sont écoulés. O nation perfide !
Il est mort par tes mains : devant l'humanité
Quel stigmate flétrit ta face déicide !
Honte à toi pour le temps et pour l'éternité.

XIII.   Jérusalem

DEMAIN

« *Viendra le jour où tes ennemis t'environneront de tranchées et t'enfermeront. Ils te serreront de toutes parts et te détruiront toi et tes enfants écrasés sur le sol ; et ils ne laisseront pas de toi pierre sur pierre, parce que tu n'as pas su connaître le temps auquel ton Dieu t'a visitée.* » (1)

David, vous qui pleuriez sur les vastes ruines
Que le Jourdain pleurait lui-même dans ses flots,
Grandissez votre harpe au niveau des collines
Où le vent du désert gémissait des sanglots.

____

(1) S. Luc, XIX, 43 et 44.

Quand vous vous lamentiez sur les ignominies
Qu'infligeaient à Sion des peuples exécrés,
Sur l'ennemi sans foi, dont les fureurs impies
Profanaient les autels et les vases sacrés ;

La rage qui souillait jusqu'aux morts dans leurs restes,
Changeant Jérusalem en cloaque de sang,
N'était rien à côté des audaces funestes
D'un peuple clouant Dieu sur un bois infâmant.

Ses lyres se taisaient, au temps que Babylone
Pressurait les Hébreux dans leur captivité :
Le Calvaire est plus sombre, et l'univers s'étonne
Devant Jérusalem et sa perversité.

Que te restera-t-il de ta gloire passée,
Cité qui te croyais Reine des nations ?
Tu vas creuser ta tombe, ô marâtre insensée ;
Le Ciel exaucera tes imprécations.

Tu chercherais en vain un autre Jérémie,
Pour s'asseoir et gémir sur tes murs écroulés :
Quel prophète pourrait, devant ta félonie,
Pleurer des châtiments par tes fils appelés !

Tu l'as dit, dans un jour de suprême folie,
« Son sang peut retomber sur nous et nos enfants ! »
Cet horrible défi de ta race avilie
Prépare contre toi des vengeurs triomphants.

Les chemins de Sion, pleurant leur solitude,
Ne verront plus passer pour les solennités
Des Juifs pleins de ferveur, en grande multitude :
Le trépas ou l'exil les auront emportés.

Des ennemis puissants s'abattront sur ta tête ;
Ils s'en iront chargés de tes derniers trésors.
Et les vierges en deuil deviendront leur conquête,
Tendre moisson livrée au plus triste des sorts.

Sombre Jérusalem, la splendeur t'abandonne,
Vois : tes prêtres en deuil et tes chefs sont chassés :
Le sang coule à grands flots ; il ne reste personne
Pour rallier tes fils vaincus et dispersés.

Et comment n'as-tu pas gardé dans ta mémoire
Le souvenir des jours où la main du Seigneur
Te frappa rudement ? Qui donc aurait pu croire
Que tu voudrais encor provoquer sa fureur ?

Car ta folie est grande et ton crime est immense ;
Il n'est pas sous le ciel de plus noir attentat.
Le monde te regarde et sent ta déchéance ;
Compte sur son mépris, ô peuple renégat.

Quand passe l'épervier, la poule étend son aile
Et, mère vigilante, appelle ses petits :
De même le Seigneur, misérable infidèle,
Voulut te protéger contre tes ennemis.

A l'heure où l'Homme-Dieu vint t'offrir sa tendresse,
Ne profanas-tu point ses infinis bienfaits
Jusqu'à l'ingratitude et la scélératesse ?
Reçois le juste prix de tes sanglants forfaits.

Sur ton sol Jéhovah vient de tendre sa corde :
Murailles, monuments, tout sera nivelé ;
Les portes vont tomber, la colère déborde,
Et que va devenir ce temple désolé ?

Tes vieillards en haillons sont assis sur la terre ;
Ils gardent nuit et jour un silence de mort ;
Ils pleurent sur un champ labouré par la guerre,
Et la brise du soir sur des cendres s'endort.

Ils ont connu déjà le fer et la famine,
Les petits au front pâle et demandant du pain,
Ils ont vu des méfaits que l'honneur abomine,
Ordinaires exploits d'un soldat inhumain.

Sur ce chaos sanglant l'homicide incendie
Projette ses lueurs en sinistres éclats.
La mort fauche toujours son horrible prairie ;
Jérusalem s'abîme au milieu du fracas.

Près des murs écroulés, sentinelles sans armes,
Prêtres aux cheveux blancs, au front mystérieux
Pleurez, pleurez toujours ; vos inutiles larmes
Attesteront du moins la vengeance des Cieux.

Déplorable Sion, couvre-toi de longs voiles,
Traîne sur le charnier l'emblème de tes deuils ;
Mais dans le firmament ne cherche plus d'étoiles :
Tes enfants en ont-ils, couchés dans leurs cercueils ?

Emporte sur ton front l'empreinte déicide ;
Fuis avec ton remords, peuple stigmatisé,
Plus hideux que Caïn, fuis, le regard livide,
Sans foyer, sans asile, et partout méprisé.

XIV. Contemplation

« Venez à moi, vous tous qui peinez, qui êtes accablés, et je vous soutiendrai. » (1)

Venez à Lui, mortels, vous que le mal torture,
Un mal qui souille l'âme et fait saigner les cœurs,
Victimes du chagrin et des remords vengeurs,
Venez, le sang d'un Dieu lave toute souillure ;
Venez dans les soupirs d'un sincère abandon,
Lui demander merci, le prier qu'il arrête
Du péché les assauts, la terrible tempête :
Vous aurez son divin pardon.

------

(1) S. Matth., XI, 28.

Pauvres êtres meurtris, en regardant la plaie
De son côté sanglant, vous deviendrez plus forts.
L'agonisant qui touche au royaume des morts
Triomphe, par la Croix, du trépas qui l'effraie ;
Le mutilé que nul ne viendra secourir,
Le fiévreux sur son lit, le martyr dans les flammes,
Contemplant sa blessure, au terme de leurs drames,
    Sauront comment il faut mourir.

O Maître douloureux, le siècle te délaisse
Et ne sert d'autre Dieu que le dieu du plaisir.
Orgueilleux et frivole, il ne saurait saisir,
Dans la folle ignorance où son esprit s'affaisse,
Ni tes dogmes sacrés, ni les divines lois
Qui peuvent préserver d'une aveugle licence.
Montre-leur, Dieu très-saint, qu'à tes yeux l'innocence
    Vaut le sang qui rougit la Croix.

O Dieu du Golgotha, Providence des mondes,
Le mal s'étend toujours, la conscience meurt ;
Sous les regards voilés de la justice en pleurs,
Le siècle se complaît aux ténèbres profondes.
O Lumière, ô Sauveur, de tes éclairs divins
Dissipe cette nuit qui cache des abîmes ;
Guide l'humanité, sur les célestes cimes,
    Vers ses magnifiques destins.

O Christ, après le choc et le fracas des armes,
Nous entendons encor d'effroyables sanglots :
Hier sur notre sol le sang coulait à flots ;
Maintenant, sur nos morts où tombent tant de larmes,
Les mères, les vieillards, les petits orphelins,
Les épouses en deuil lamentent leur misère ;
O Christ, ami des Francs, exauce la prière
      De ces douloureux pèlerins.

      Victime des flots et des flammes,
      Le monde apparaît désolé,
      Son axe même est ébranlé ;
      Le vertige emporte les âmes,
      Et les volcans sont déchaînés.
      Ici c'est celui de la guerre ;
      Ailleurs on sent trembler la terre ;
      Peuples et rois sont consternés.

O Christ du Golgotha, l'univers agonise
Dans les dissensions des hommes affolés ;
Les forces de la haine et de l'or assemblés
Sur le monde ont jeté leur criminelle emprise,
Et l'égoïsme pousse à de nouveaux forfaits
Cent peuples ennemis que la fureur anime.
Fais briller à leurs yeux, ô sanglante Victime,
      L'étendard sacré de la paix.

XV. Reine des Martyrs

> *« Cet enfant est né pour la ruine*
> *et la résurrection d'un grand nombre*
> *en Israël. Il sera un signe de contra-*
> *diction. Pour vous, un glaive trans-*
> *percera votre âme. »* (1)

Oh ! que n'avez-vous fait, Seigneur, quelque miracle.
Pour adoucir le sort d'un cœur qui vous est cher,
Ce pur, ce tendre cœur qui fut le tabernacle,
Le principe vivant de votre humaine chair !

Mais auprès de son Fils, Marie avait sa place :
Elle est *Corédemptrice* et n'a d'autres désirs
Que de répondre en tout à la divine grâce ;
Elle suivra Jésus en Reine des Martyrs.

La Vierge s'est donc jointe au lugubre cortège ;
Des larmes et du sang lui tracent son chemin ;
Son amour peut braver la haine sacrilège
Et partager du Christ l'effroyable destin.

(1) S. Luc, II, 34 et 35.

Aussitôt s'accomplit la triste prophétie
Du vieillard Siméon. Le glaive de douleur,
Annoncé dans le temple à la douce Marie,
L'atteint cruellement et transperce son cœur.

Et la Mère de Dieu, pour le salut du monde,
Aux souffrances du Christ joint ses propres tourments :
Victime résignée, et victime féconde,
Elle voit des pécheurs et les prend pour enfants.

O voyants d'Israël, patriarches antiques,
Anges, fleuves du temps, flots agités des mers,
Voix de l'éternité... suspendez vos cantiques
Devant le drame saint dont frémit l'univers.

Le Corps glacé du Christ est remis à sa mère,
Elle presse en ses bras le Fils de Dieu Martyr.
La nuit couvre son âme et son cœur s'exaspère ;
Elle pâme et se meurt de ne pouvoir mourir.

Au trépas qui la fuit, son désespoir aspire,
Et le dessein de Dieu la rive à ses douleurs.
Nous sommes des bourreaux qu'elle pourrait maudire ;
Mais la Croix lui redit : Pitié pour les pécheurs !

O Mère inconsolable, ô pieuse Marie,
Gémissant avec vous, près du Sauveur Jésus,
Nous déplorons enfin la suprême folie
Qui nous rendit pareils à des anges déchus.

XVI. Refuge des pécheurs

> *« Femme, voilà votre fils », et au*
> *disciple : « Voici votre Mère ». (1)*

A genoux, Dieu terrible, au pied de cette Croix,
    Confus, je vous adore.
Je tremble devant vous, j'ai méprisé vos lois ;
    Mais plein d'espoir j'implore
Dans ma sombre détresse, accablé de douleur,
    J'implore la clémence
De votre sainte Mère. Asile du pécheur,
    Qu'elle soit ma défense !

----

(1) S. JEAN, XIX, 27.

Ecoutez, ô mon Dieu, l'éloquence du Sang
    Dont s'empourpre la terre
Et l'effroyable cri du Pontife expirant
    A l'autel du Calvaire.
Ecoutez par pitié, Seigneur, une autre voix
    Pleine de tristes charmes,
Pleine aussi de sanglots. C'est Marie aux abois
    Qui vous offre ses larmes.

Il fallait à nos cœurs coupables et tremblants
    Les pleurs et le sourire
D'une pieuse Mère à de pauvres enfants
    Que sa tendresse attire.
Laissez-nous, ô Jésus, rechercher la douceur
    De sa main caressante ;
Nous y retrouverons les beautés et l'honneur
    D'une vie innocente.

Dans la Gloire

1. Résurrection

> « *Le Christ n'est pas ici : il est*
> *ressuscité. Rappelez-vous sa parole :*
> *Il faut que le Fils de l'homme soit*
> *livré aux pécheurs pour être cruci-*
> *fié ; il ressuscitera le troisième*
> *jour.* » (1)

Le Sauveur est bien mort, car son corps et son âme
Ont été séparés. Mais la divinité,
Le principe éternel, foyer vivant de flamme,
Veille sur les débris de son humanité.
Un éclatant prodige, annoncé par le Maître,
Doit changer en triomphe un trépas désastreux
Et, quand aux yeux des siens Jésus va reparaître,
Les Apôtres seront étonnés, mais heureux.

---

(1) S. Luc, XXIV, 6 et 7.

Or, le troisième jour, au matin, dès l'aurore,
Vivant et glorieux, le Christ sort du tombeau.
La nature applaudit, la terre tremble encore
Et les soldats, surpris par ce drame nouveau,
Tombent terrifiés, la face contre terre.
Un ange est descendu des cieux au même instant
Et du sépulcre vide il renverse la pierre,
Puis s'assied, radieux dans son vêtement blanc.

Accourez, Pierre et Jean ; venez, ô Madeleine,
Vous serez les témoins de l'apparition.
Disciples de l'amour, que l'amour vous entraîne
Vers Jésus pour chanter sa résurrection.
L'Ange l'a dit : « Le Christ se rend en Galilée »
Mais, avant de quitter le pays de Juda,
Il aura rencontré sa Mère immaculée
Qu'en ce moment béni de joie il inonda.

Les Apôtres, un jour, retirés au Cénacle,
S'enferment, redoutant des prêtres le courroux.
Jésus entre pourtant, par un nouveau miracle,
En leur disant : « C'est moi. La paix soit avec vous ! »
Onze fois le Seigneur apparaît et dirige
L'esprit de ses témoins sur la force des faits.
Il est ressuscité : tel est le grand prodige
Qui procure à leur foi des arguments parfaits.

O Christ, votre tombeau n'est pas le mausolée
Où l'orgueil couvre mal la misère des grands.
Sur leurs cendres, la mort, en reine incontestée,
S'établit sans retour ; et les fiers conquérants,
Dans la poudre et les vers, demeurent sa pâture.
Jésus a triomphé de la corruption,
Du péché, de la mort comme de la nature ;
Il l'avait dit : « *Je suis la Résurrection.* »

11. Ascension

« *Et le Seigneur Jésus, ayant achevé son entretien avec ses disciples, s'éleva au Ciel où il est assis à la droite de Dieu.* » (1)

Pour la dernière fois Jésus est au Cénacle
Qui de l'Eglise va devenir le berceau ;
C'est là que son amour par un touchant miracle,
Donna l'Eucharistie au Testament Nouveau.

Les disciples émus écoutent de leur Maître
Les adieux attendris, les suprêmes conseils,
Et sa divinité semble mieux transparaître
Aux yeux de ces pêcheurs si lents dans leurs éveils.

(1) S. Marc, XVI, 19.

Jésus leur rappela qu'ils refusaient de croire
Quand on leur annonçait sa résurrection.
« Désormais affermis, conservez la mémoire
Des infinis bienfaits de la Rédemption.

Je suis, dit-il, la vie et la vie éternelle :
Dans l'univers déchu vous porterez mon nom,
Mes préceptes divins et la bonne nouvelle
Qui promet au pécheur l'amour et le pardon.

A toute créature enseignez l'Evangile,
Le Baptême et la Foi, l'auguste Trinité
— Père, Fils, Esprit-Saint — et toute âme docile
Goûtera du salut l'austère vérité.

C'est l'heure du départ, je m'en vais à mon Pére.
Pourtant je ne veux pas vous laisser orphelins ;
L'Esprit Consolateur descendra sur la terre
Et vous apportera ses oracles divins... »

Tous sortent du Cénacle. Une douce lumière
Caresse les hauteurs de ses changeants reflets ;
Radieux, le soleil poursuivant sa carrière,
Dans la pourpre du soir descend vers son palais.

Le cortège s'avance, et gravit la colline
Où le Maître venait prier et s'endormir ;
En face est la cité que le temple domine,
Plus bas Gethsémani qui semble encor gémir.

Jérusalem s'étend dans son écharpe blanche ;
Le Cédron qui se heurte à son lit de graviers,
Sous les figuiers ombreux dont la tige se penche,
Chante sa longue plainte au mont des Oliviers.

C'est sur ce mont de paix que le Seigneur achève
Son dernier entretien. Puis vers le Ciel très pur,
En étendant les mains pour bénir, il s'élève,
Et, toujours bénissant, disparaît dans l'azur.

Les disciples, groupés sur la colline sainte,
Restent les yeux au Ciel songeant à l'avenir ;
Ils regardent, remplis d'espérance et de crainte,
Si le Christ disparu ne va pas revenir.

Deux Anges descendus au sein de l'assemblée,
Aux Apôtres troublés parlent avec douceur :
« Qui cherchez-vous en haut, hommes de Galilée ?
Auriez-vous oublié les desseins du Sauveur ?

Jésus, le Fils de Dieu, que vous aimiez entendre,
Est entré maintenant dans les champs étoilés,
Et les élus, un jour, le verront redescendre,
Pour amener à Dieu ses enfants exilés.

Il règne sur un trône, à la droite du Père,
Mais vous demeure uni dans l'éther glorieux :
Retournez au Cénacle, et là, dans la prière,
Attendez la promesse et le secours des Cieux.

A cet ordre d'En-Haut les Apôtres dociles
Redescendant joyeux le mont des Oliviers,
Par les sentiers connus de ces coteaux fertiles
Où Jésus discourait avec ses familiers.

Ils le savent vainqueur, ce vaincu du Calvaire,
Sorti de son tombeau radieux et puissant ;
Quarante jours durant il est resté sur terre,
Puis dans son Paradis remonté triomphant.

Ils ont vu ; le prodige a déchiré tout voile ;
A leurs yeux dessillés brille la vérité.
Plus de doute, ils sont prêts pour la marche à l'étoile
Dans le jour éclatant de la divinité.

Nous garderons, Seigneur, vos divines promesses ;
L'Eglise n'a d'appui qu'en son céleste Epoux :
Vous prendrez en pitié nos mortelles détresses,
Eclairez notre exil et « restez avec nous. » (1)

____

(1) S Luc, XXIV, 29.

III. L'Esprit-Saint

> « *Je vous enverrai la promesse
> du Père.* » (1)
> « *Et tous furent remplis de
> l'Esprit-Saint.* » (2)

Sur le mont Sinaï les éclats du tonnerre
Annonçaient aux Hébreux une loi de terreur,
Et Dieu leur inculquait la crainte salutaire
Des justes châtiments qu'il réserve au pécheur.
Montagne de Sion, vers toi je vois descendre
L'Esprit divin porté sur des rayons de feu ;
Il vient renouveler le monde et va lui rendre
Avec la charité le sourire de Dieu.

----

(1) S. Luc, XXIV, 49.
(2) Actes, II, 4.

Les élus du Sauveur priaient dans la retraite ;
C'est le dixième jour depuis l'Ascension :
Soudain un vent puissant, comme un bruit de tempête,
Retentit dans la ville et sur le mont Sion.
Les disciples émus attendent en silence
Les flammes que le Ciel fait descendre sur eux ;
L'Esprit Saint les remplit de force et de prudence
Pour porter la lumière au siècle ténébreux.

Vous étiez, ô Marie, au milieu des Apôtres :
Si Jésus vous donna les hommes pour enfants,
Plus que tous les humains, ô Mère, ils sont les vôtres
Ces élus dont le Christ a fait des conquérants.
Vous les avez bénis, quand brillèrent les flammes
Qui propageaient en eux l'ardeur du saint amour ;
Dans la même ferveur, Mère, gardez nos âmes
Qu'entourent tant de maux au terrestre séjour.

IV. Mort de Marie

> *« Mon âme est triste jusqu'à la
> mort. »* (1)

Les « semeurs sont sortis pour semer » l'Evangile.
Dans son isolement la Mère des Chrétiens
Prie, implore son Fils, et, secourable asile
De tous les affligés, elle répand les biens
Du Royaume des Cieux sur les Missionnaires :
La grâce coule à flots, féconde leur travail
Et, de l'humanité réparant les misères,
Fait entrer les brebis en grand nombre au bercail.

____

(1) S. Marc, XXIV, 34.

Vierge, vous devenez la Reine des Apôtres
Et la Mère de ceux pour qui Jésus est mort ;
Leur salut vous est cher, leurs douleurs sont les vôtres ;
Vos yeux ont du pleurer sur le funeste sort
Des brebis sans pasteurs, aux loups abandonnées.
Les larmes ont souvent visité votre exil
Et fait plus accablant le poids de vos années :
Mais l'amour, l'amour seul put en rompre le fil.

C'est lui qui fut la force et l'âme de Marie,
La beauté, la grandeur, le parfum de ses jours,
Par lui l'Immaculée à la terre est ravie,
Dans la grâce et la paix elle monte toujours.
Prodige de ferveur, pure et vivante hostie,
La douce Vierge aspire aux délices du Ciel :
Elle en puise le goût dans l'humble Eucharistie
Où Jésus l'entretient de l'hymen éternel.

Bienheureux habitants de la céleste enceinte,
Séraphins qui charmez le glorieux séjour,
Venez, soyez témoins de la mort la plus sainte
Après celle du Christ, roi du divin amour.
Venez, premiers martyrs, honneur de l'Evangile,
Vous dont la charité s'empourpre dans le sang,
Votre élan généreux paraît encor débile
Devant les saints transports de Marie expirant.

Les Apôtres, rentrés des quatre coins du monde
Pénètrent sous le toit de la Mère de Dieu,
Auguste sanctuaire où la paix surabonde,
Où l'extase prélude au solennel adieu :
Dans un soupir la Vierge a laissé sur la terre
Sa dépouille sujette à la mortalité ;
L'assistance à genoux, pleine de foi, vénère
Ce corps qui dans la tombe est bientôt transporté.

V. Assomption

Comme le Rédempteur, Marie immaculée
A connu du tombeau le séjour attristé ;
Mais ta victoire, ô Mort, ne sera qu'éphémère :
La Vierge reprendra le corps qu'elle a quitté ;
Tu ne jouïras pas de cette noble proie
Qu'inondent les parfums et la blancheur des lys.
Déjà de ce tombeau montent des chants de joie :
« Anges, reportez-la vivante à Dieu, son Fils.

(1) Cor, XV, 55.

Mais voici que survient, après un long voyage,
Le disciple Thomas que chacun attendait ;
Son désir est ardent de revoir le visage
Qu'ici-bas le Seigneur lui-même vénérait.
Les douze réunis vont au saint habitacle
Où dort l'Immaculée. Ils ouvrent en tremblant ;
Dieu va changer leur deuil en glorieux spectacle,
Et la nuit du sépulcre en un jour éclatant.

O merveille ! Le corps est absent de la tombe ;
Il ne reste que fleurs et parfums précieux.
Elle a fui vers Jésus, la céleste Colombe,
Au milieu d'Esprits purs, dans un vol radieux.
Anges du Paradis, patriarches antiques,
Prophètes inspirés, martyrs et confesseurs,
Elus de tous les temps, préparez vos cantiques ;
Marie en son éclat efface vos splendeurs.

Qu'elle brille à jamais dans la céleste Sphère,
Celle qui des mortels demeure le soutien,
Qu'on nomme Notre-Dame ou la divine Mère,
La Reine des Martyrs, le secours du Chrétien.
Donnez, Dieu de bonté, la couronne de gloire
A l'admirable Vierge au cœur prédestiné,
Maison d'or de l'Amour et riche Tour d'ivoire
Où le Verbe éternel pour nous s'est incarné.

VI. Invocation

O Mère, vos enfants à leur sombre détresse
    Semblent abandonnés.
Ayez pitié de ceux que plaint notre tendresse !
    Frères infortunés,
Ils ont trempé leur lèvre aux coupes de la vie,
    Aux breuvages amers ;
Mettez leur espérance aux biens de la patrie
    A l'abri des revers.

    Près du Sauveur, Vierge très sainte,
    Dans votre règne glorieux,
    Ecoutez l'éternelle plainte
    Qui monte de la terre aux Cieux :
    Ayez pitié de ceux qui pleurent,
    Des cœurs meurtris et désolés,
    Ayez pitié de ceux qui meurent
    Sans avoir été consolés...

____

(1) Pensée tirée de l'Abbé PEYREIVE.

Epilogue

EPILOGUE

Hommage à *Sa Grandeur Monseigneur LOUVARD*
Evêque de Coutances et Avranches

Jésus aimé des hommes

> « *Un jour il descendit au tombeau ; mais l'humanité, pour laquelle il était mort, s'est baissée vers lui, et, le levant avec un amour qui n'a jamais pu s'éteindre, elle le tient dans ses deux mains ressuscité... Il est vivant... il ne meurt plus ; il est jeune, il est roi, il est Dieu.* » (1)

Le Christ victorieux est entré dans sa gloire,
Les élus dans le Ciel célèbrent ses grandeurs,
L'Eglise militante exalte sa mémoire
Et lui dresse partout des trônes dans les cœurs.

----

(1) LACORDAIRE, 40ᵉ Conférence.

Jésus, quelle moisson de fidèle tendresse,
De charité brûlante et de pieux serments
Vous apporte ici-bas notre humaine faiblesse !
Quels splendides efforts et quels renoncements !

L'enfant, ce chérubin, sur les bras de sa mère,
Lève les yeux au Ciel, tend ses petites mains :
Il semble voir là-haut le Sauveur débonnaire
Qui cherche la candeur dans l'âme des humains.

L'un des premiers appels que sa langue inhabile
S'efforce de redire en un accent confus,
S'adresse confiant au Dieu de l'Evangile
Dont le nom est si doux : « Jésus, ô bon Jésus ! »

L'adolescent troublé par le premier orage
Qui s'élève chez lui, des sombres profondeurs,
Se prosterne tremblant et demande courage
Pour dompter, sans faiblir, de terribles ardeurs.

Plus tard, si le démon a surpris sa vaillance,
Il criera son effroi, ses douloureux combats ;
Son cœur retrouvera la joie et l'espérance
Sur le sein de Celui qui n'abandonne pas.

Au milieu des travaux, des luttes de la vie,
L'homme désemparé par ses projets déçus,
Blessé dans son orgueil, victime de l'envie,
S'humilie et revient à l'amour de Jésus.

Vous surtout, ô vieillard, qui, d'un regard limpide,
Embrassez l'horizon d'un passé plein d'erreur,
Vous dont le frêle esquif, sur un courant rapide,
Menace de sombrer dans l'éternel malheur ;

Vous avez imploré le Christ, la bonté même,
Vous avez savouré, dans son divin pardon,
La grâce qui fait dire : « O Maître, je vous aime ! »
Et change l'agonie en un saint abandon.

Pour offrir à Jésus l'hymne de leur tendresse,
Les petits, les savants, les peuples et les rois,
Les cœurs désabusés, les âmes en détresse,
La poësie et l'art réunissent leurs voix.

Le marbre et le granit, au flanc des cathédrales,
Déroulent, à l'envi, leurs poëmes d'amour,
Scènes de sainteté, touchantes pastorales,
Que l'aurore empressée évoque chaque jour.

Vers les arceaux du temple, aux voûtes élancées,
La voix du peuple monte en flots harmonieux,
Et du clocher rêveur les notes cadencées
Offrent à l'Homme-Dieu leur hosanna joyeux.

Pour Lui les grands vitraux chantent dans la lumière,
L'orgue pleure ou s'élève en un éclat puissant ;
Le silence lui-même accourt à la prière
Qu'un timide flambeau soupire languissant.

Sur la terre s'étend une forêt divine
De géants que la main des siècles a plantés,
Monuments dont le style embellit et domine
Les modestes hameaux et les vastes cités.

La foi vient adorer, en ces nefs vénérées,
Le Sacrement du Christ et prie à ses autels ;
L'antique piété, qui les a consacrées,
Y rassemble toujours l'élite des mortels.

A son pauvre foyer, quand finit la journée,
L'artisan, de retour, se prosterne à genoux :
Autour de lui chacun bénit sa destinée
Sous les yeux de Jésus, l'ouvrier humble et doux.

La paix des cœurs aimants règne en cette chaumière :
On n'y manque jamais de travail ni de pain,
Le courage renaît au feu de la prière
Et chasse les troublants soucis du lendemain.

L'avarice est aveugle, et souvent l'opulence
Ne découvre là-haut qu'un abîme voilé ;
Seul, l'amour de Jésus console l'indigence
Et du sombre horizon fait un ciel étoilé.

Mais les temples choisis, les cénacles austères
D'où monte, jour et nuit, l'ardente charité
Se cachent, recueillis, au fond des monastères
Bâtis par les trésors de dame pauvreté.

Des saints, fuyant le siècle et l'orage qui gronde,
Vont savourer le calme en ces cloîtres pieux,
Où l'amour a jeté sa racine profonde
Et tourne vers Jésus ses fruits délicieux.

La colombe y gémit sa glose de tendresse,
Son défi généreux aux puissances du mal ;
Elle chante à l'Epoux sa radieuse ivresse,
Triomphe de l'amour dans un cœur virginal.

Pour aller à Jésus j'ai ma voix et mon cœur,
Mais je ne puis compter sur mes petites ailes ;
C'est l'Aigle tout-puissant, dans son élan vainqueur,
Qui m'emporte ravie aux fêtes éternelles.

Quand je suis arrivée au seuil du paradis,
J'adore sans frayeur ; surtout j'aime et je chante,
J'éveille les échos des célestes parvis
Et ne puis m'arracher à l'amour qui m'enchante.

Car j'aime uniquement ce qu'on aime toujours,
Celui dont la beauté, l'immortelle jeunesse
Alimente à jamais le plus pur des amours,
Ce Jésus dont le cœur est ma seule richesse.

> Pour Lui j'ai soif de sacrifices (1),
> Nul zèle ne m'est étranger :

----

(1) Pensées de Sainte Thérèse de l'Enfant Jésus.

Je veux boire à tous les calices
De la douleur et du danger.
Vaillants athlètes de l'Eglise,
Laissez-moi courir dans vos rangs,
Avec ceux dont le cœur se brise
D'amour et de divins tourments.

Prêtre, soldat, missionnaire,
Je tenterais tous les efforts ;
O Maître adoré, pour vous plaire,
Je braverais toutes les morts.
Du Croisé j'aurais le courage
Dans les plus terribles combats ;
Car, pour mon Dieu, l'affreux carnage
Des guerres ne m'effraierait pas.

Je porte envie aux mains du prêtre
Et je voudrais sur les autels
Vous voir, ô mon Jésus, renaître
Captif entre mes doigts mortels.
Je voudrais éclairer les âmes,
A la manière des docteurs,
Les embraser des saintes flammes
Qui font les vrais adorateurs.

Je voudrais de mon pas agile
Porter, au nom du Bien-Aimé,
Le feu sacré de l'Evangile
Dont je sens mon cœur consumé

Ah ! si j'étais missionnaire,
J'irais sur les deux continents,
Au fond de la plus sombre terre,
Prêcher barbares et brigands.

Mais mon rêve touche au délire,
Jésus, en voyant votre croix ;
Car je voudrais être martyre
Par mille douleurs à la fois :
Comme vous, être flagellée,
D'Agnès endurer le tourment,
Avec Ignace être broyée
Par les fauves, divin froment.

Si je suivais Jeanne au supplice,
Au bûcher je saurais souffrir,
Pour goûter le poignant délice
D'invoquer Jésus et mourir.
Ce fut le vœu de mon enfance :
Si je ne puis verser mon sang,
Je trouverai dans la souffrance
Le martyre d'un cœur aimant.

. . . .

Hôtes du Mont-Cassin, de la Trappe ou d'Assise,
Moines de la Chartreuse et vierges du Carmel,
« Aimer » reste à jamais la royale devise
Que vous conserverez au séjour éternel.

Dieu regarde et bénit ces chastes solitaires,
Imitateurs du Christ, sanglants expiateurs.
Par amour, ils se font victimes volontaires ;
L'Eglise voit en eux de nouveaux rédempteurs.

Et d'autres, dispersés sur les chemins du monde,
Renoncent pour la vie à toutes les douceurs,
Et s'en vont conquérir quelque terre féconde
Pour y planter la Croix, au prix de quels labeurs !

Holocaustes vivants, ils vont à la victoire
Et bravent, pleins d'espoir, la rage des bourreaux ;
Sous les coups de la mort, ils rêvent à la gloire :
Transformés par l'amour, ô Maître, qu'ils sont beaux !

Combien d'hommes obscurs affrontent l'agonie
Des grands héros chrétiens, et donnent, à leur tour,
Au Martyr qui mourut sur le bois d'infâmie
Le gage le plus sûr d'un invincible amour !

Rendez le Christ à ceux que meurtrit la souffrance,
Au malade, au vieillard, au pauvre, à l'orphelin ;
Son image au mourant parle de délivrance
Et met dans son angoisse un réconfort divin.

On l'invoque, on le prie, au soir de la bataille,
Dans les champs de carnage et les foyers en pleurs.
Quel géant de tendresse atteindrait à sa taille
Pour guérir, comme Lui, tant d'humaines douleurs ?

Il est Homme, Il est Dieu : que partout on l'adore !
Mais son cœur apparaît frémissant de bonté :
Dans un immense amour l'humanité l'implore
Et lui jette le cri de sa fidélité.

En face de l'amour, voici les sourdes haines,
Des méchants conjurés pour un suprême effort.
Ces libertins lettrés — ténébreuses phalènes, —
Conduisent les esprits aux ombres de la mort.

Ils ont repris l'assaut du sinistre Voltaire,
Prostitué leur plume au prince des menteurs,
Et, d'un vol alourdi, le suivent terre à terre,
Dans la nuit qui s'étend sur les blasphémateurs.

L'histoire les a vus se briser sous le phare
Dont l'éclat les aveugle, et leurs noms exécrés
Rappelleront le gouffre où la raison s'égare,
En profanant du Ciel les dons les plus sacrés.

L'Eglise a délaissé leurs misérables restes,
Sur les routes du temps, comme un objet d'horreur ;
Il s'exhale toujours, de leurs œuvres funestes,
Et de leur souvenir, une infernale odeur.

Or des hommes puissants, princes de la bohême,
Abandonnent le Christ à ces vils insulteurs.
S'ils n'osent pas encor lui jeter l'anathème,
Ils frappent ses amis, ses féaux serviteurs.

Combien ils ont crié que *l'exil est impie !*
L'exil, dont les meilleurs sont pourtant menacés :
Ceux qui donnèrent tout pour Dieu, pour la patrie,
Du sol de leurs aïeux seront-ils expulsés ?

C'est l'éternel retour du rêve satanique :
Le fer est remplacé par d'hypocrites lois ;
Grâce aux sous-entendus de l'exergue *laïque*,
On fera des martyrs sans les clouer en croix.

Mais l'Eglise immortelle, au milieu des ravages
Causés par la tourmente et les noirs ouragans,
Tient toujours son flambeau sur le front des rivages
Que la lumière inonde en dépit des autans.

Son phare est intangible, et le rocher demeure :
L'astre ne s'éteint pas sous un nuage obscur,
La mer laisse passer l'orage qui l'effleure,
Puis rouvre son miroir aux splendeurs de l'azur.

Immense, elle n'est pas un lac morne et sans vie :
Si le fier aquilon provoque ses sanglots,
Il la laisse plus belle, et son choc purifie,
Mieux qu'un moelleux zéphir, la masse de ses flots.

L'Eglise est une force à l'océan pareille :
Quand la paix sans alarme alanguit sa valeur,
L'ennemi, de ses coups, durement la réveille
Et double son courage au choc de la douleur.

C'est que l'homme est conduit par l'amour ou la haine ;
Tandis que l'amour donne et donne à pleine main,
L'égoïsme à son char, pour mieux jouir, enchaîne
Le plaisir, les trésors et l'honneur du prochain.

Or ce mépris d'autrui met l'axe de la vie
Dans l'immoralité que condamna Jésus,
On n'y voit que débauche, orgueil et basse envie ;
D'où la haine du Christ, modèle des vertus.

La haine est une lave. : elle sort de l'abîme
Et répand sa fumée en tourbillons cruels :
Le fléau va, suivant la fureur qui l'anime,
Et porte aux alentours ses ravages mortels.

Dieu qui tient la balance, en cet affreux contraste,
En suit les mouvements : si le mal est trop lourd,
Le monde périra de sa guerre néfaste...
Mais la haine et le mal pèsent moins que l'amour.

Cet amour, c'est le poids des vertus héroïques,
C'est la bonne souffrance et l'expiation,
La foi, là pureté des Vierges angéliques,
Le beau sang des martyrs et la Rédemption.

Non, l'étoile du Christ ne sera point voilée,
L'Enfer ne peut atteindre à la splendeur du jour,
Et les âmes des Saints — innombrable envolée —
S'élèvent sans arrêt au foyer de l'amour.

Adversaires du Ciel comme de la lumière,
Vous n'ouvrez plus les yeux que sur des appétits
Où l'esprit se débat, en proie à la matière :
Ne touchez pas au Ciel, vous êtes trop petits !

Vous êtes trop petits, devant l'œuvre géante
Que fait la charité planant sur l'univers ;
Vos menaces, vos cris, la haine qui vous hante
Aboutiront demain à d'éternels revers.

Amour, prends ton essor, allons au Dieu que j'aime,
Fuyons des mécréants les vulgaires appas ;
Amour, emporte-moi jusqu'à l'amour suprême,
Loin du sombre repaire où les cœurs n'aiment pas !

Table des Matières

TABLE DES MATIÈRES

DANS LA GLOIRE

EPILOGUE

BIBLIOTHEQUE NATIONALE DE FRANCE
3 7502 014049918 5